이유석 chef 의 이유식

셰프처럼 요리하기 01

이유석의 이유식
chef

이유석 지음

BR미디어

CONTENTS

프롤로그

- 6 　셰프의 말
- 10　이 책을 보는 법

CHAPTER 01

초기 이유식 (4~6개월)

- 14　쌀미음
- 18　감자 미음
- 22　바나나 미음
- 26　사과 미음
- 30　브로콜리 미음
- 34　당근단호박 이유식

- 38　다복맘의 초기 이유식 일기

CHAPTER 02

중기 이유식 (7~9개월)

- 40　감자대파 퓌레
- 44　당근오렌지 퓌레
- 48　뽀빠이 이유식
- 52　양파배 이유식
- 56　오트밀애플바나나
- 60　고구마당근 퓌레
- 64　폴렌타
- 68　타락치즈 죽
- 72　스노우아일랜드
- 76　 Guest Chef 강민구 셰프 – 사찰식 버섯 미음
- 80　 Guest Chef 임형택 셰프 – 밤 무스

- 84　다복맘의 중기 이유식 일기

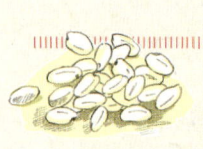

4　이유석의 이유식

CHAPTER 03

후기 이유식 (10~12개월)

86	딸바보 파르페
90	스패니시 이유식
94	애플요거트
98	오렌지로드
102	닭두유 죽
106	비건 이유식
110	트로피카나
114	쑥두부 찜
118	토마토딸기 가스파초
122	후무스 이유식
126	*Guest Chef* 강민구 셰프 – 바다 죽
130	*Guest Chef* 임정식 셰프 – 미역 파에야
134	다복맘의 후기 이유식 일기

CHAPTER 04

완료기 이유식 (12개월 이후)

136	버섯 리조토
140	양파 수프
144	강원도의 맛
148	콩비지 리조토
152	시골된장 이유식
156	노르딕 이유식
160	김치 죽
164	맥앤치즈
168	*Guest Chef* 임기학 셰프 – 참가자미 볼

173	부록 I – 이유식의 모든 것
187	부록 II – 재료별 레시피 & 도구 사용법
222	저자 소개
223	게스트 셰프 소개

셰프의 말

"이제 다복이도 이유식 할 때가 된 거 같아요"라는 아내의 말에 생전 처음 보는 이유식 책을 들여다보고 인터넷에서 자료조사를 하면서 만들었던 첫 이유식이 생각나네요. 얼마나 공을 들였던지 행여나 먹고 탈이라도 생기면 안 되는데 하는 부모의 마음을 처음으로 느끼며 만들었어요. 사실 아내가 임신했을 때, 제가 너무 바쁘다는 이유로 아내에게 제대로 해준 것이 없어서 늘 미안했었거든요. 그 이후 저는 아들 다복이가 태어나면 '이 세상에서 가장 맛있고 훌륭한 이유식'을 해주리라 다짐했었죠. 지금 23개월이 된 우리 다복이는 정말 건강하게 무럭무럭 자라고 있답니다. 앞으론 맛있는 유아식과 간식을 더 많이 만들어주려고 해요.

저는 2001년도에 요리를 시작한 이래로 어느덧 16년째에 접어든 셰프입니다. 18살 때 방송에서 요리 장인을 본 후부터 지금까지 한 길을 걷고 있어요. 국내에서 조리학과를 졸업하고 경력을 쌓은 후 프랑스와 스페인으로 가서 4년간 요리를 배웠습니다. 현재는 서울 압구정 로데오에서 〈루이쌍끄〉라는 프렌치 가스트로 펍을 운영하고 있어요. 저녁 6시부터 새벽 1시까지 영업하는 심야식당 형태가 주목을 받았고 많은 지인과 단골손님의 응원으로 5년 넘게 한자리에서 운영하고 있습니다. 출판사 문학동네에서 요리에세이 〈맛있는 위로〉를 내고, 조선일보에서 〈이유석의 음식공감〉이라는 칼럼도 약 1년간 연재했었습니다. 요리를 천직이라 생각하고 있답니다.

우리 다복이는 만 5개월부터 이유식을 시작했어요. 저희 부부가 밥을 먹는 데 관심을 보이기 시작하는 걸 보고 "때가 왔구나"라고 생각했지요. 다복이가 저희 먹는 모습을 뚫어지게 쳐다

보는가 하면, 침을 질질 흘리기도 했거든요. 그런데 요리라면 자신이 있는 제게도 막상 이유식을 시작하려니 어디서, 무엇부터 시작해야 할지 난감했습니다. 그래서 일단 평소 자주 가는 교보문고에 가서 이유식 책을 여러 권 골라 비교를 해봤습니다. 인터넷에서도 쉽게 이유식 레시피를 찾을 수 있긴 하지만 종종 업체에서 홍보용으로 올린 경우가 있어서 옥석을 가리기 쉽지 않았기 때문이지요.

육아코너에는 이유식 책이 꽤나 많았습니다. 저마다 화려한 재료와 기술을 자랑하며 이유식 레시피를 소개하더군요. 대부분 다양한 재료를 넣어 영양이 풍부하다는 이유식들이었습니다. 분명 영양은 중요하지만, 그것보다 저는 과연 아기가 잘 먹을까 하는 의문이 들었습니다. 아니나다를까 책보고 따라 한 이유식 중에는 아기가 잘 먹지 않는 것도 있었습니다. 그러면서 무엇보다 아기가 잘 먹고 씹는 것을 즐길 줄 아는 이유식을 만들어보자는 생각이 들었습니다. 아기가 잘 먹으면 부모는 어떠한 수고로움도 견딜 수 있으니까요.

그동안 요리를 하면서 얻은 교훈이 있습니다. 요리는 쉬운 것 같으면서도 제대로 하기란 참으로 어렵다는 것이지요. 요리를 시작한 지 올해로 16년째 되는 저도 이럴진대 이제 막 엄마, 아빠가 된 초보 부모는 어떨까하는 생각이 들었습니다. 그래서 무엇보다 쉽고 즐겁게 만들 수 있는 레시피를 개발해 많은 초보 부모에게 알려야겠다는 생각에 이 책을 쓰게 되었습니다.

저는 이 책을 쓰면서 '음식의 즐거움'에 초점을 맞췄습니다. 아기는 즐겁게 먹고, 부모도 즐겁게 요리할 수 있도록 하자! 그래서 영양이 풍부하다는 이유로 아기가 싫어하는 재료를 억지로 레시피에 넣지 않았습니다. 또한 아기가 부담스러워 할 만한 레시피에는 아기에게 친숙한 아기용 치즈, 아기용 우유, 분유물을 넣었습니다. 그리고 아직 국내에서는 소개되지 않았지만, 해와 많은 아기들에게 검증된 유럽의 이유식 레시피들을 참조했습니다. 프랑스식 디저트 '히오레'를 이유식으로 만든 타락치즈 죽, 연어를 올린 노르딕 이유식이나 스페인에서 자주 먹는 가스파초 이유식이 바로 그것입니다. 단언컨대 책에 소개된 많은 레시피들은 입이 짧은 아기, 특이체질 아기, 허약한 아기도 모두 즐길 수 있을 것이라 확신합니다. 그동안의 음식을 했던 노하우를 살려 재료간 궁합도 최대한 살렸습니다. 양파와 배, 사과와 시나몬의 조화를 살린 레시피가 그 예지요.

저희 아기는 37주 만에 2.9kg이라는 다소 저체중으로 세상에 일찍 나왔습니다. 저만큼이나 열심히 사회생활을 하는 아내가 무리하게 공부와 일을 병행한 탓이었어요. 심지어 출산휴가도 내기 전에, 아기가 태어났습니다. 호흡기가 약해 인큐베이터에도 며칠 있었어요. 팔뚝만한 아기 몸 곳곳에 여러 개의 주삿바늘이 꽂혀 있던 것을 보고 억장이 무너졌던 기억이 아직도 생생합니다. 아기에게 늘 빚이 있는 저희 부부는 아기에게 누구보다 멋진 이유식을 만들어주자고 다짐했고, 제가 만든 이유식을 늘 맛있게 먹은 다복이는 지금 성장 상태가 상위 10% 안에 들 정도로 무럭무럭 잘 자라주고 있습니다. 많은 독자분들이 하나하나 힘겹게 노력해서 만든 제 레시피를 참고해주시고 도움을 얻으신다면 더없이 기쁠 것 같습니다.

그리고 이 책에는 정말 유명하고 실력 있는 셰프들의 레시피도 만날 수 있어요. 저와 친분이 있는 셰프들이 각자 자신 있는 이유식 레시피를 하나씩 만들어주셨거든요. 이 중에는 현재 아빠도 있고 예비 아빠도 있습니다. 모두 아기에게 먹인다는 생각을 하며 정성 들여 만들어주셨습니다. 사찰식 버섯 미음과 바다 죽을 만들어준 〈밍글스〉의 강민구 셰프님, 참가자미 볼을 만들어준 〈레스쁘아뒤이부〉의 임기학 셰프님, 이유식 버전의 미역 파에야를 만들어준 〈정식당〉의 임정식 셰프님, 그리고 부드러운 밤 무스를 만들어준 〈서울신라호텔 라연〉의 임형택 셰프님 모두 감사합니다. 도움 주신 셰프님들의 이유식 모두 정말 훌륭하고 맛있다고 장담합니다.

더불어 이렇게 좋은 책을 만들게 해주신 블루리본서베이 김은조 편집장님과 담당자분들께 감사 인사를 드립니다. 이유식 책 계보에 한 획을 긋자는 목표로 오랜 기간 작업을 하며 늘 새로운 아이템을 찾아주신 점 진심으로 고맙습니다. 제 이름 때문에 10대 시절 내내 '이유식'이란 별명으로 불렸을 때부터, 언젠가 '이유식'으로 뭔가를 해보면 재밌겠다고 막연히 생각했었는데, 그 꿈을 이루게 해주셨습니다.

제가 일하는 〈루이쌍끄〉 가족분들께도 감사드립니다. 그리고 늘 저를 위해 응원해주시는 양가 부모님과 사랑하는 저의 아내, 마지막으로 이 책의 주인공인 사랑하는 내 아들 다복이에게 이 책을 바칩니다.

2016년 2월
셰프 이 유 석

이 책을 보는 법

이유식 시작 페이지

1. 이유식 이름

2. 이유식 시기 월령에 맞는 이유식 시기를 초기, 중기, 후기, 완료기로 나누어 구분했습니다.

3. 제공량/보관일 이 책의 레시피는 월령별 이유식 4회 제공량(과일이 들어간 이유식은 2회 제공량) 기준으로 작성되었습니다. 또한 이유식별로 보관일을 명시해 만들고 남은 이유식을 간편하게 보관할 수 있습니다.

4. 이유식 설명 이유식에 대한 설명과 주재료의 영양성분, 효능이 자세히 적혀있습니다.

5. 조리 재료 이유식 재료는 손질 전 껍질이나 씨가 포함된 원재료의 무게를 기준으로 표시했습니다.

6. 조리 도구 이유식 만드는 데 필요한 조리 도구를 아기자기한 일러스트로 표현했습니다.

7. 완성된 이유식 사진

이유식 레시피 페이지

❽ **이유식 조리 과정** 이유식 조리 과정을 아기자기한 일러스트로 표현했습니다.
❾ **CHEF'S TIP** 이유석 셰프가 초보 엄마, 아빠에게 전하는 알짜배기 조리 팁이 이해하기 쉽게 설명되어 있습니다.

CHAPTER 01

초기 이유식
4~6개월

대체로 이유식은 생후 4~6개월에 시작합니다. 아기의 발달에 따라 조금씩 차이는 있지만, 늦어도 만 26주부터는 이유식을 서서히 시도하는 것이 좋아요. 분유를 먹는 아기는 만 4개월에서 6개월 사이에, 아토피가 있거나 모유를 먹는 아기는 만 6개월부터 이유식을 만들어 먹이도록 하세요. 초기 이유식에서 가장 중요한 것은 체에 곱게 가는 과정! 아기가 소화하기 쉽도록 모든 재료를 푹 익히고 체에 곱게 갈아 만들어주세요.

쌀미음 | 감자 미음 | 바나나 미음 | 사과 미음
브로콜리 미음 | 당근단호박 이유식

다복맘의 초기 이유식 일기

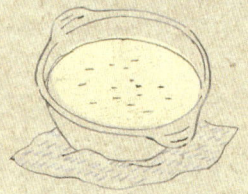

쌀미음

• **제공량** 총 4회 제공량 240g / 1회 60g • **냉장보관일** 2~3일

아기를 위한 첫 이유식, 바로 쌀미음입니다.

쌀에는 알레르기 반응을 잘 일으킨다고 알려진 글루텐 단백질이 없어 우리 아기를 위한 첫 이유식으로 무난히 시도할 수 있어요.

특히 쌀에는 우리 몸에 필요한 열량의 60~70%를 담당하는 탄수화물이 풍부해 이유식 재료로 꼭 활용해야 하는 재료입니다.

두근두근 설레는 첫 이유식 쌀미음, 쉽게 만들어보세요.

INGREDIENTS
조리 재료

쌀 50g
물 400ml

COOKING UTENSILS
조리 도구

냄비
블렌더
볼
체

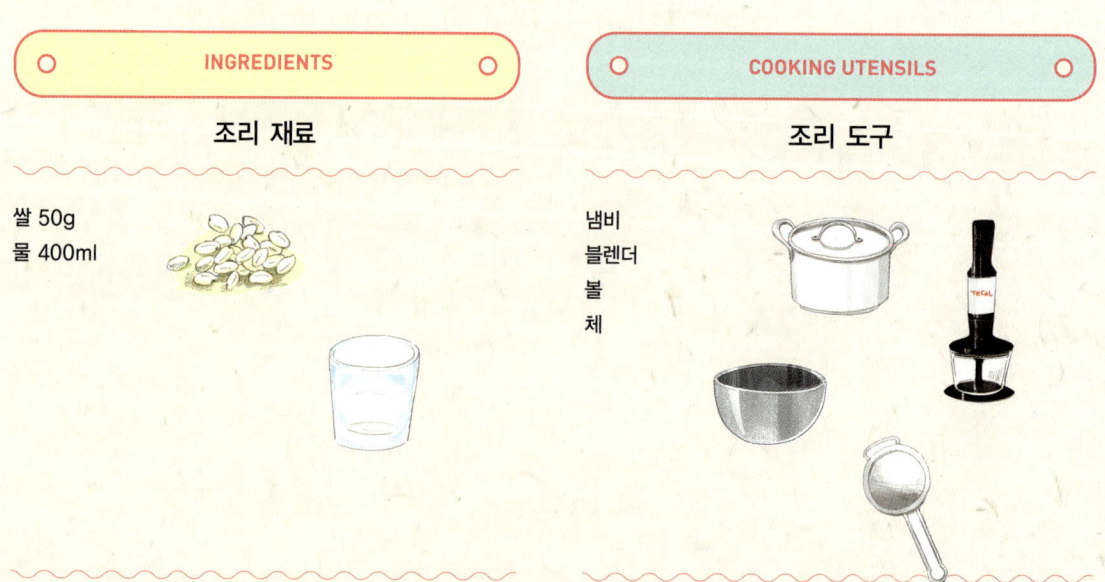

❝ 두근두근 설레는 첫 이유식 ❞

1. 초기 이유식 (4~6개월)

조리과정

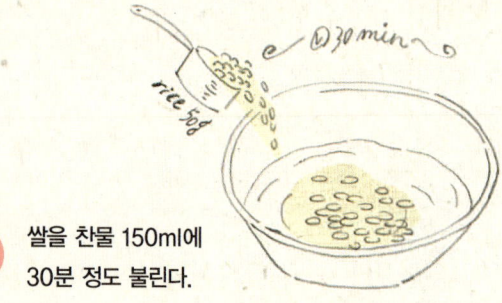

01 쌀을 찬물 150ml에 30분 정도 불린다.

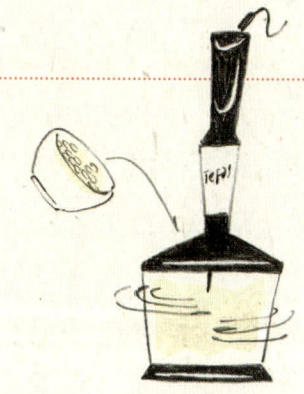

02 블렌더에 ①의 물에 불린 쌀 (물까지 포함)을 넣고 우유빛깔이 날 때까지 곱게 간다.

03 냄비에 ②의 블렌더에 간 쌀과 물 150ml를 넣고 끓인다.

04 쌀이 50% 정도 익으면 물 50ml를 넣고 약한 불에 끓인다.

05 쌀이 80% 정도 익으면 물 50ml를 넣어 농도를 맞춘다.
* 초기 이유식이므로 물처럼 흐르는 농도로 맞춘다.

06 체에 곱게 내린다.

07 그릇에 담아 마무리한다.

CHEF'S TIP

- 이유식을 체로 내릴 때, 한 번에 많은 양을 내리기보다는 조금씩 나눠 내리는 것이 오히려 시간을 절약할 수 있답니다.
- 완성된 이유식은 상온에 식힌 후 냉장고에 보관하세요. 아기에게 줄 때는 이유식에 물을 소량 넣고 냄비에 끓이거나 내열 유리 용기에 담아 중탕하는 것이 좋습니다. 만들어둔 이유식을 냉장고에 넣었다 하더라도 상하지는 않았는지 미리 맛본 후 아기에게 먹이는 것 잊지 마세요!

초기 이유식
4~6개월

감자 미음

- 제공량 총 4회 제공량 240g / 1회 60g
- 냉장보관일 2~3일

이유식 재료로 많이 사용되는 재료인 감자로 만드는 이유식입니다.
감자는 비타민C와 칼륨이 풍부하죠.
특히 감자의 비타민C는 여타 과일에 함유된 비타민과는 달리
불에 조리하거나 익혀도 쉽게 파괴되지 않는다고 하네요.
섬유질이 풍부하고 소화가 잘 돼 위에 부담이 적기 때문에
이유식 초기부터 활용하면 좋은 재료입니다.

INGREDIENTS
조리 재료

감자 300g
물 800ml

COOKING UTENSILS
조리 도구

칼
도마
냄비
볼
체
필러

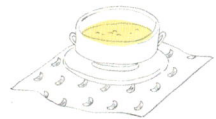

❝ 부드러운 감자 이유식 ❞

1. 초기 이유식 (4~6개월)

조리 과정

01 감자는 껍질을 깎은 후 1cm 두께로 썬다.

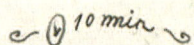
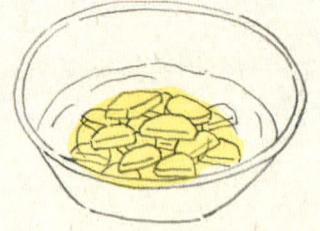

02 ①의 손질한 감자를 찬물에 10분 정도 담가 전분을 제거한다.

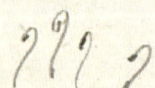

03 냄비에 ②의 전분을 제거한 감자와 물 800ml를 넣고 푹 익을 때까지 끓인다.

04 감자가 익으면 물 180ml(종이컵 1컵)를 남기고 버린 후 감자를 으깨면서 살짝 끓인다.
* 보관해둔 쌀미음이 있다면 한 스푼 넣어도 좋다.

05 체에 곱게 내린다.

06 그릇에 담아 마무리한다.

CHEF'S TIP

- 조리 도중 재료가 냄비에 눌어붙었을 때 당황하지 마세요! 눌어붙지 않은 부분만 건져낸 후 물을 넣고 끓이면 되니까요. 단, 심하게 눌어붙었을 때는 탄 냄새가 배어 있을 수도 있으니 음식을 새로 만드는 것이 좋아요.

초기 이유식
4~6개월

바나나 미음

- 제공량 총 2회 제공량 120g / 1회 60g
- 냉장보관일 2~3일

아기가 재료 한 가지로 만든 이유식을 잘 먹는다면 쌀미음에 다른 재료를 추가한 이유식을 만들어줄 차례입니다. 이번에는 바나나를 넣은 바나나 미음을 준비했습니다. 바나나는 베타카로틴, 비타민B6, 비타민C가 풍부합니다. 달콤하면서도 식감이 부드러워 아기가 무척 좋아할 거예요.

INGREDIENTS
조리 재료

쌀 50g
바나나 90g
물 240ml

COOKING UTENSILS
조리 도구

냄비
블렌더
볼
체
포크

22 이유석의 이유식

❝ 바나나를 넣어 만든 달콤 이유식 ❞

조리 과정

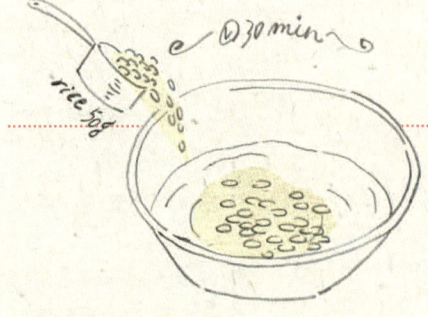

01 쌀을 찬물 220ml에 30분 정도 불린다.

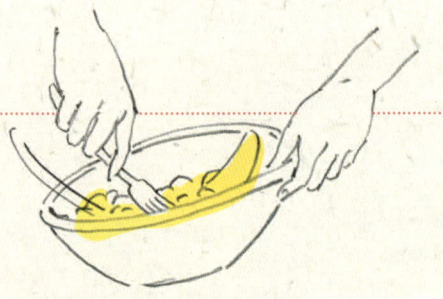

02 바나나는 껍질을 벗긴 후 볼에 넣고 포크로 으깬다.

03 블렌더에 ①의 물에 불린 쌀 (물까지 포함)을 넣고 곱게 간다.

04 냄비에 ②의 으깬 바나나와 ③의 블렌더에 간 쌀을 넣고 끓인다.

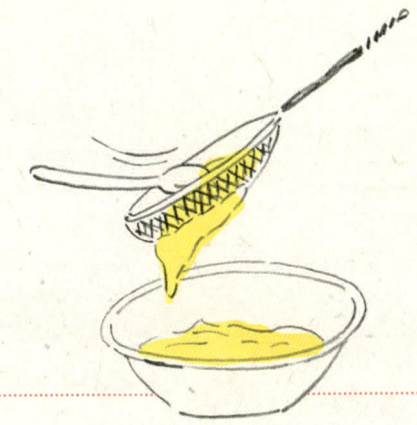

05 체에 곱게 내린다.

06 냄비에 ⑤의 체에 내린 재료와 물 20ml(어른 밥숟가락 2숟가락)를 넣고 살짝 끓인다.

07 그릇에 담아 마무리한다.

CHEF'S TIP

- 초기 이유식에 꼭 필요한 도구인 체. 체를 선택할 때는 고운 체보다는 약간 구멍이 큰 체를 선택하는 것이 좋아요. 아기가 소화할 수 없는 큰 건더기는 구멍이 듬성듬성한 체로도 충분히 걸러지거든요.
- 이유식을 블렌더에 넣고 갈거나 냄비에 끓일 때, 농도가 되직하다 싶으면 중간중간 상황에 따라 물 10ml(어른 밥숟가락 1숟가락)를 소량 넣어주세요.

사과 미음

초기 이유식 4~6개월

• 제공량 총 2회 제공량 120g / 1회 60g • 냉장보관일 2~3일

쌀미음에 달콤한 사과를 넣어 만든 부드러운 초기 이유식입니다.
사과는 펙틴이라는 식이섬유와 수분이 풍부해
장의 기능을 활발하게 해줍니다.
아기에게 변비가 있다면 사과를 활용한 이유식을 만들어 먹여보세요.

INGREDIENTS
조리 재료

쌀 50g
사과 100g
물 170ml

COOKING UTENSILS
조리 도구

칼
도마
냄비
블렌더
볼
체
강판

❝ 변비가 있는 아기에게 좋은 이유식 ❞

조리 과정

01 쌀을 찬물 140ml에 30분 정도 불린다.

02 블렌더에 ①의 물에 불린 쌀 (물까지 포함)을 넣고 곱게 간다.

03 사과는 껍질을 깎은 후 단단한 심지와 씨를 제거한다.

04 강판에 ③의 손질한 사과를 간다.

05 냄비에 ②의 블렌더에 간 쌀과 ④의 강판에 간 사과, 물 20ml (어른 밥숟가락 2숟가락)를 넣고 끓인다.

06 체에 곱게 내린다.

07 냄비에 ⑥의 체에 내린 재료와 물 10ml (어른 밥숟가락 1숟가락)를 넣고 살짝 끓인다.

08 그릇에 담아 마무리한다.

초기 이유식
4~6개월

브로콜리 미음

• **제공량** 총 4회 제공량 240g / 1회 60g • **냉장보관일** 2~3일

쌀미음에 브로콜리와 배, 두 가지 재료를 넣어 만든 이유식입니다.
이유식 초기에는 쌀미음에 한 가지 재료만을 추가해 먹여본 후
알레르기 반응이 없는 재료를 섞어서 만들어 먹이는 것이 좋아요.
브로콜리는 시금치보다 칼슘이 네 배 이상 많은 영양 덩어리 채소입니다.
여기에 식이섬유가 풍부해 장운동을 활발하게 하는 배를 넣어
다양한 영양소를 골고루 섭취할 수 있습니다.

INGREDIENTS
조리 재료

쌀 80g
브로콜리 180g
배 160g
물 320ml

COOKING UTENSILS
조리 도구

칼
도마
냄비
블렌더
볼
체
강판

❝ 칼슘이 풍부한 브로콜리 이유식 ❞

조리과정

01 쌀을 찬물 160ml에 30분 정도 불린다.

02 브로콜리는 송이 부분만 뗀 후 끓는 물에 1분 정도 데친다.

03 ②의 데친 브로콜리를 얼음물에 5분 정도 식힌다.

04 배는 껍질을 깎은 후 씨, 단단한 심지를 제거한다.

05 강판에 ④의 손질한 배를 간다.

06 ③의 식힌 브로콜리는 키친타올로 물기를 제거한 후 단단한 밑동은 칼로 도려내고 초록색 부분만 모아둔다.

07 블렌더에 ①의 물에 불린 쌀 (물까지 포함)을 넣고 간다.

08 또 다른 블렌더에 ⑥의 손질한 브로콜리와 물 130ml를 넣고 간다.

09 냄비에 ⑤의 강판에 간 배와 ⑦의 블렌더에 간 쌀, ⑧의 블렌더에 간 브로콜리를 넣고 끓인다.

10 냄비에 끓이다가 물 30ml (어른 밥숟가락 3숟가락)를 넣어 농도를 맞춘다.

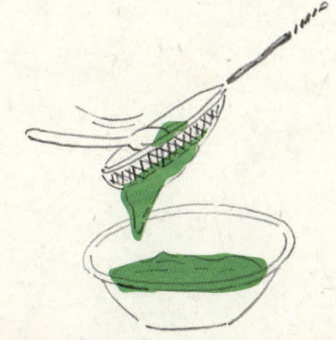

11 체에 곱게 내린다.

12 그릇에 담아 마무리한다.

당근단호박 이유식

초기 이유식
4~6개월

• 제공량 총 4회 제공량 240g / 1회 60g • 냉장보관일 2~3일

당근과 단호박은 면역력을 높이는 베타카로틴이 풍부한 채소입니다.
영양뿐만 아니라 맛의 조화에 있어서도 훌륭하죠.
당근과 단호박은 이유식 초기부터 활용할 수 있는 유용한 재료입니다.
알레르기가 있는지 각각 체크한 후에 아무 반응이 없으면
당근과 단호박을 섞어서 만들어주세요.

INGREDIENTS
조리 재료

당근 180g
단호박 170g
우유 120ml
올리브오일 1ts

COOKING UTENSILS
조리 도구

칼
도마
찜기
블렌더
필러

"우리 아기 면역력이 쑥쑥!"

조리과정

01 당근은 필러로 껍질을 벗긴다.

02 단호박은 반을 잘라 속의 씨를 제거한 후 껍질을 깎는다.

* 단호박은 껍질이 단단하기 때문에 먼저 단호박을 찐 후 껍질을 깎는 것도 좋은 방법이다.

03 ①과 ②의 껍질을 깎은 당근과 단호박을 1cm 두께로 썬다.

04 찜기에 ③의 손질한 당근과 단호박을 넣고 푹 익을 때까지 찐다.

05 블렌더에 ④의 찜기에 찐 당근과 단호박, 우유 120ml, 올리브오일 1ts (어른 밥숟가락 ½ 숟가락)을 넣고 간다.

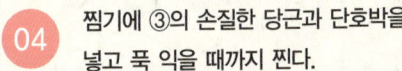

06 그릇에 담아 마무리한다.

CHEF'S TIP

- 왼손으로 당근을 힘 있게 잡은 후, 오른손으로 필러를 잡고 위에서 아래로 껍질을 한 번에 벗기는 것이 좋아요. 이 때 일직선이 아닌 사선 방향으로 필러를 움직이는 것이 포인트랍니다. (192p 참고)
- 껍질을 벗긴 당근은 일정한 크기로 썰어주세요. 그렇게 해야 같은 속도로 익을 수 있습니다.

다복맘의 초기 이유식 일기

저희 다복이는 만 5개월부터 이유식을 시작했어요.
4개월 이후부터 분유를 먹이다 보니 아기에게 부족한 영양분이 있지 않을까 염려해서였죠.
그 무렵 다복이가 어른들 먹는 것에 관심을 보였어요. 입맛을 다시거나 침을 조금 흘리곤 했죠.
'이때다!' 싶어서 이유식을 만들기 시작했습니다.

첫 이유식은 당연히 미음! 위에 부담을 주지 않기 위해 쌀미음을 만들었습니다.
불린 쌀과 물을 블렌더에 간 다음 냄비에 물을 넣고 주걱으로 저어가면서 알갱이가 거의 보이지 않을 때까지 끓였죠.
처음에는 아기에게 이유식을 준다는 생각에 기대도 되고 한편으로 제대로 만들고 있는지 걱정도 들더라고요.
그리고 무엇보다도 다복이가 잘 먹을까 궁금했습니다.
그렇게 완성된 쌀미음을 한 숟가락 떠서 호호 불어서 주자 다행히 아기는 잘 받아먹었습니다.
그 뒤 양을 조금씩 늘렸고 찹쌀 미음 등 한 가지 곡식으로 만든 미음을 2주간 먹였습니다.
이후에는 고구마, 양배추, 완두콩 등 한 가지 채소를 같이 넣고 끓인 채소 미음을 만들어 주었어요.

저는 워킹맘이라서 늘 시간에 쫓겼지만, 채소 미음을 만드는 것은 그리 어렵지 않았어요.
집에 있는 신선한 채소 한 가지만 잘 갈아서 미음에 섞어주기만 하면 되니까요.
되도록이면 저녁 식사 메뉴로 산 채소 중 신선한 것 위주로 이유식용을 조금 떼어내는 식으로 준비했습니다.
다복이 이유식에 들어가는 재료는 유기농 채소를 사용했어요.
아기 입에 들어가는 것이니까 될 수 있으면 유기농, 가장 신선한 재료를 선택했죠. 제철을 맞은 신선한 채소 위주로요.

그다음에는 채소를 두 가지로 늘렸어요. 감자와 애호박을 섞어 미음을 만드는 것처럼요.
채소 간 궁합을 살피면서 만들면 더욱 좋겠지만, 솔직히 엄마가 영양사도 아니고
일일이 채소 간 궁합을 살피기란 쉽지 않죠.
최악의 궁합이라는 재료 몇 가지만 염두에 두고 그것을 피하는 방향으로, 신선한 채소 위주로 섞어 만들었어요.
가끔 아기가 채소를 지루해하는 것 같으면 과일을 섞어 줬어요.
초기 이유식에 사용하면 좋은 사과와 배를 넣어 만든 사과 미음, 배 미음 같은 것이죠.
이런 식으로 무사히 이유식 초기를 지낼 수 있었습니다.

CHAPTER 02

중기 이유식
7~9개월

생후 7개월부터는 서서히 치아가 나기 시작하는 때입니다. 그동안은 미음 위주의 이유식을 만들었다면, 이유식 중기부터는 입자가 있는 이유식으로 서서히 바꿔나가는 것이 중요해요. 재료는 0.3cm 크기로 손질하고, 체에 곱게 내리는 과정은 생략해도 괜찮습니다.

감자대파 퓌레 | 당근오렌지 퓌레
뽀빠이 이유식 | 양파배 이유식
오트밀애플바나나 | 고구마당근 퓌레
폴렌타 | 타락치즈 죽 | 스노우아일랜드

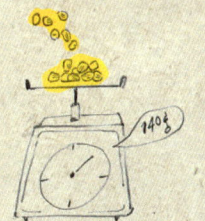
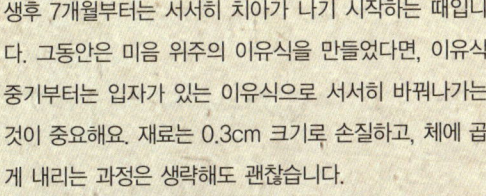
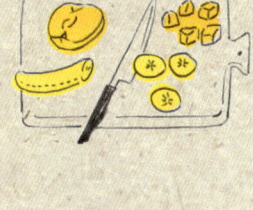

Guest Chef

강민구 셰프 - 사찰식 버섯 미음
임형택 셰프 - 밤 무스

다복맘의 중기 이유식 일기

중기
이유식
7~9개월

감자대파 퓌레

• **제공량** 총 4회 제공량 400g / 1회 100g • **냉장보관일** 2~3일

이유식 초기부터 쓸 수 있는 만능 재료, 감자로 만드는 퓌레입니다.
퓌레는 채소, 육류 등을 체로 걸러낸 걸쭉한 농도의 음식입니다.
이유식용 퓌레는 아기가 소화할 수 있게 묽은 농도로 만들어 주세요.
감자와 궁합이 좋은 치즈, 우유 등을 첨가해 부드러운 식감을 살립니다.
참! 치즈는 꼭 염분 함량이 낮은 어린이용 치즈를 사용하세요.

INGREDIENTS
조리 재료

감자 320g
대파 20g
우유 90ml
큐브치즈 2개
물 800ml

COOKING UTENSILS
조리 도구

칼
도마
냄비
핸드 블렌더
볼

이유석의 이유식

❝ 부드러운 맛의 감자대파 퓌레 ❞

조리
과정

01 대파의 흰 부분을 길게 잘라 물로 깨끗이 씻은 후 적당한 크기로 썬다.

02 대파 가운데 심지는 아릿한 맛이 나므로 제거한다.

03 감자는 껍질을 깎은 후 1cm 두께로 썬다.

04 ③의 손질한 감자를 찬물에 10분 정도 담가 전분을 제거한다.

05 냄비에 ④의 전분을 제거한 감자와 물 800ml를 넣고 푹 익을 때까지 끓인다.

06 감자가 익으면 물 150ml를 남기고 버린 후 ②의 손질한 대파를 넣고 끓인다.

07 ⑥에 우유 90ml와 큐브치즈를 넣어 농도를 맞춘 후 핸드 블렌더로 간다.

08 그릇에 담아 마무리한다.

CHEF'S TIP

- 대파의 흰 부분은 오래 끓이면 고소한 맛이 나기 때문에 아기 이유식 재료로 사용해도 좋아요. 단, 아릿한 맛이 나는 심지는 꼭 제거하세요.

당근오렌지 퓌레

중기 이유식 7~9개월

• **제공량** 총 2회 제공량 200g / 1회 100g • **냉장보관일** 2일

당근과 오렌지.

예전부터 나중에 아기를 위해 이유식을 만든다면

꼭 한번 시도해보고 싶었던 재료였어요.

잘 어울리지 않는 재료라고 생각하기 쉽지만

프랑스에서는 예전부터 당근과 오렌지로 만드는 요리가

하나의 트렌드로 자리잡았을 정도로 맛의 조화가 훌륭하답니다.

INGREDIENTS
조리 재료

당근 150g
오렌지 200g(오렌지즙 60ml)
 – 오렌지 1개 분량
플레인요구르트 1Ts

COOKING UTENSILS
조리 도구

칼
도마
냄비
블렌더
필러
스퀴저

❝ 재료의 조화가 훌륭한 당근오렌지 퓌레 ❞

조리 과정

01 당근은 필러로 껍질을 벗긴 후 1cm 두께로 썬다.

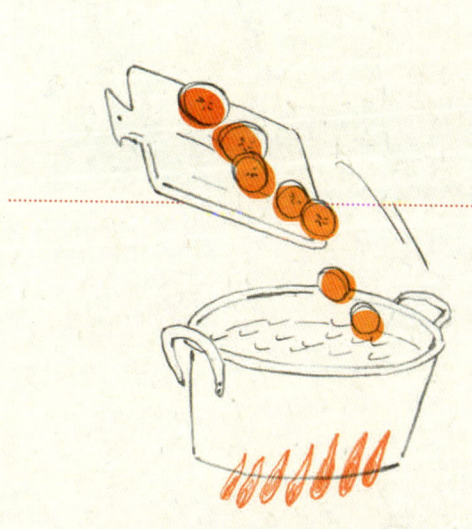

02 냄비에 ①의 껍질을 벗긴 당근과 물을 넣고 푹 익을 때까지 끓인다.

03 당근 삶은 물은 버리고 당근만 따로 담아둔다.

04 오렌지는 반으로 잘라 스퀴저(과일 착즙기)로 즙을 짠다.
*스퀴저가 없을 때는 포크를 이용한다.

05 블렌더에 ③의 삶은 당근과 ④의 오렌지즙 60ml(종이컵 ⅓ 컵)를 넣고 간다.

06 그릇에 담은 후 플레인요구르트 1Ts(어른 밥숟가락 1½ 숟가락)을 올려 마무리한다.

CHEF'S TIP

- 스퀴저로 즙을 짤 때는 반으로 자른 오렌지 중앙에 스퀴저를 꽂고 힘 있게 돌려주세요.
  한 손으로 스퀴저를 고정시키고 다른 손으로 오렌지를 잡고 힘 있게 짜도록 하세요.
- 집에 스퀴저가 없을 때는 스퀴저 대신 포크를 이용해도 좋습니다.
  오렌지 중앙에 스퀴저 대신 포크를 꽂아 누르듯이 즙을 짭니다. (216p 참고)

중기 이유식
7~9개월

뽀빠이 이유식

• **제공량** 총 4회 제공량 400g / 1회 100g • **냉장보관일** 2~3일

어렸을 때 즐겨보던 만화 〈뽀빠이〉하면 떠오르는 시금치 이유식입니다. 만화 속에서 뽀빠이가 시금치를 먹으면 힘이 불끈 솟아나는 것처럼 시금치에는 베타카로틴을 비롯한 철분, 비타민, 무기질 등의 영양소가 풍부하게 함유되어 있어요.
철분을 보충해야 하는 이유식 중기에 활용하면 더욱 좋은 재료랍니다.

INGREDIENTS	COOKING UTENSILS
조리 재료	조리 도구

시금치 250g
우유 180ml
크림치즈 50g

냄비
핸드 블렌더
체

❝ 뽀빠이처럼 튼튼하게! 시금치 이유식 ❞

조리
과정

01 시금치는 싱싱한 이파리만 뜯어 흐르는 물에 씻는다.

02 ①의 시금치를 끓는 물에 10초 정도 데친다.

03 시금치 데친 물은 버리고 데친 시금치만 냄비에 남긴다.

04 ③의 시금치가 담긴 냄비에 우유 180ml와 크림치즈 50g을 넣고 살짝 끓인다.

05 핸드 블렌더로 ④의 재료를 되직한 농도로 간다.

06 그릇에 담아 마무리한다.

CHEF'S TIP

• 유기농 채소나 친환경 채소는 경우에 따라 잎 뒷면에 흙이 묻어있을 수 있어요.
 일단 물을 담은 볼에 채소를 넣고 가볍게 흔들어 씻은 후 흐르는 물에 헹구는 것이 좋습니다.

양파배 이유식

중기 이유식 7~9개월

• 제공량 총 4회 제공량 400g / 1회 100g • 냉장보관일 2~3일

프렌치 요리에서 모던한 조합으로 꼽히는 양파와 배로 만드는 이유식.
잘 어울릴까 싶지만 맛과 영양 면에서 무척이나 잘 어울리는 조합이죠.
양파와 배는 수분과 식이섬유가 풍부해
아기 변비를 예방하는 데 탁월한 효과가 있습니다.

INGREDIENTS
조리 재료

양파 260g
배 300g
올리브오일 2ts

COOKING UTENSILS
조리 도구

칼
도마
찜기
블렌더

❝ 모던한 재료의 조합, 양파배 이유식 ❞

2. 중기 이유식 (7~9개월)

조리 과정

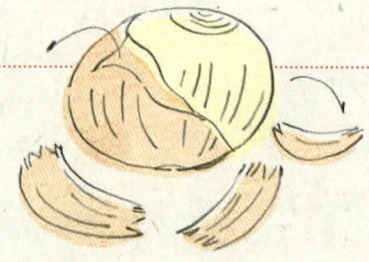

01 양파는 겉껍질과 얇은 막을 벗긴다.

02 양파 속에 있는 굵은 심지를 도려낸 후 채 썬다.

03 배는 껍질을 깎은 후 단단한 심지와 씨를 제거하고 깍둑썰기한다.

04 찜기에 ②와 ③의 손질한 양파, 배를 넣고 푹 익을 때까지 찐다.

05 ④의 찜기에 찐 양파 소량을 덜어 잘게 다진다.
* 나중에 가니시(장식)로 활용한다.

06 블렌더에 ④의 찜기에 찐 양파와 배, 올리브오일 2ts(어른 밥숟가락 1숟가락)을 넣고 간다.

07 그릇에 담은 후 ⑤의 다진 양파를 올려 마무리한다.

08 완성

CHEF'S TIP

• 양파는 오랜 시간 푹 쪄야 매운맛이 사라지고 양파의 단맛만 남아요.

오트밀애플바나나

중기 이유식
7~9개월

• 제공량 총 2회 제공량 200g / 1회 100g • 냉장보관일 2~3일

아일랜드와 스웨덴에서 아침 식사 대용으로 자주 먹는
오트밀을 활용한 아일랜드풍 이유식입니다.
우리나라에서 아기의 첫 이유식으로 쌀미음을 만드는 것처럼
아일랜드, 스웨덴에서는 오트밀을 끓인 죽을
첫 이유식으로 많이 먹인다고 하네요.
오트밀에 사과, 바나나 등의 과일을 섞어 맛있는 이유식을 만들어주세요.

INGREDIENTS
조리 재료

오트밀 15g
사과 130g
바나나 80g
우유 30ml
물 30ml

COOKING UTENSILS
조리 도구

칼
도마
냄비
블렌더
볼

❝ 아일랜드풍 오트밀 이유식 ❞

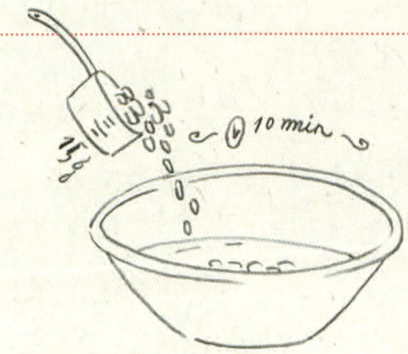

01 오트밀을 찬물 30ml에 10분 정도 불린다.

02 사과는 껍질을 깎은 후 단단한 심지와 씨를 제거한다.

03 ②의 껍질을 깎은 사과는 깍둑썰기하고 바나나는 껍질을 벗겨 1cm 두께로 썬다.

04 블렌더에 ③의 손질한 사과와 바나나, 우유 30ml를 넣고 간다.

05 냄비에 ①의 물에 불린 오트밀(물까지 포함)과 ④의 블렌더에 간 재료를 넣고 끓인다.

06 그릇에 담아 마무리한다.

CHEF'S TIP

• 사과와 배의 심지 부분은 딱딱하기 때문에 아기 이유식에는 사용하지 않아요.

중기 이유식
7~9개월

고구마당근 퓌레

• 제공량 총 4회 제공량 400g / 1회 100g • 냉장보관일 2~3일

달달한 고구마와 당근으로 만드는 이유식입니다.
찐 고구마, 당근과 우유를 섞어 부드러운 퓌레로 만들어 줬더니
우리 아기도 오물오물 맛있게 잘 먹던 것이 기억나네요.
아기가 소화를 잘 못한다면 퓌레의 농도를 묽게 하고
거뜬히 소화를 한다면 퓌레를 약간 되직한 농도로 만들어주세요.

INGREDIENTS
조리 재료

고구마 280g
당근 180g
우유 90ml

COOKING UTENSILS
조리 도구

칼
도마
찜기
블렌더
필러

❝ 달달한 고구마당근 퓌레 ❞

조리과정

01 당근과 고구마는 필러로 껍질을 벗긴다.

02 ①의 껍질을 벗긴 당근과 고구마는 1cm 두께로 썬다.

03 찜기에 ②의 손질한 당근과 고구마를 넣고 푹 익을 때까지 찐다.

04 블렌더에 ③의 찜기에 찐 당근과 고구마, 우유 90ml를 넣고 간다.

05 그릇에 담아 마무리한다.

2. 중기 이유식 (7~9개월)　63

중기
이유식
7~9개월

폴렌타

- **제공량** 총 4회 제공량 400g / 1회 100g ・ **냉장보관일** 2~3일

이탈리아 북부 지역에서 먹는 음식인 폴렌타의 이유식 버전입니다.
폴렌타는 옥수숫가루와 같은 곡물 가루를 끓인 죽 형태의 음식으로
이탈리아의 전통적인 음식으로 유명합니다.
여기에 쌀을 넣어 부족할 수 있는 탄수화물을 보충했습니다.
옥수수 껍질은 질기기 때문에 껍질을 벗기거나
굵은 체에 한 번 내린 후 아기에게 먹이는 것이 좋아요.

INGREDIENTS
조리 재료

찐 옥수수알 140g
쌀 70g
어린이용 치즈 ½ 장
물 670ml

COOKING UTENSILS
조리 도구

냄비
찜기
블렌더
볼
체

64 이유석의 이유식

" 식이섬유가 풍부한 옥수수 이유식 "

조리 과정

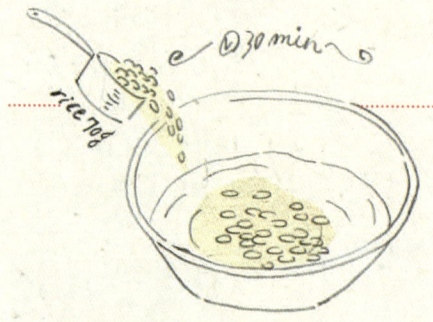

01 쌀을 찬물 670ml에 30분 정도 불린다.

02 찜기에 옥수수를 넣고 푹 익을 때까지 찐다.

03 ②의 찜기에 찐 옥수수는 손으로 낱알을 분리해 140g을 떼어둔다.

04 블렌더에 ①의 물에 불린 쌀(물까지 포함)과 ③의 옥수수 낱알을 넣고 간다.

05 냄비에 ④의 블렌더에 간 재료와 어린이용 치즈 ½ 장을 넣고 푹 익을 때까지 끓인다.

06 구멍이 듬성듬성한 체에 내린다.

07 그릇에 담아 마무리한다.

CHEF'S TIP

- 시중에서 파는 찐 옥수수에는 첨가물이 있을 수 있으므로 생 옥수수를 직접 찌는 것이 가장 좋아요. 질긴 옥수수 껍질은 벗기거나 구멍이 듬성듬성한 체에 내린 후 아기에게 먹이도록 하세요.

타락치즈 죽

중기 이유식 7~9개월

- 제공량 총 2회 제공량 200g / 1회 100g • 냉장보관일 2~3일

'쌀과 우유'라는 뜻의 프랑스식 디저트 히오레의 이유식 버전입니다.
이름처럼 우유에 쌀과 바닐라빈을 넣어 만드는 음식으로
조선시대 궁중에서 많이 먹었던 타락죽과 비슷하다고 할 수도 있어요.
레시피에는 우유 대신 분유물을 넣어 만들었어요.
아기에게 우유 알레르기가 없다면
간편하게 분유물 대신 생우유를 넣어도 좋습니다.

INGREDIENTS
조리 재료

쌀 50g
분유물(분유 3Ts+물 100ml)
  또는 우유 100ml
어린이용 치즈 ½ 장
바닐라빈 ¼ 개
물 80ml

COOKING UTENSILS
조리 도구

칼
도마
냄비
블렌더
볼
젖병

68 이유석의 이유식

❝ 고소하고 부드러운 타락치즈 죽 ❞

조리 과정

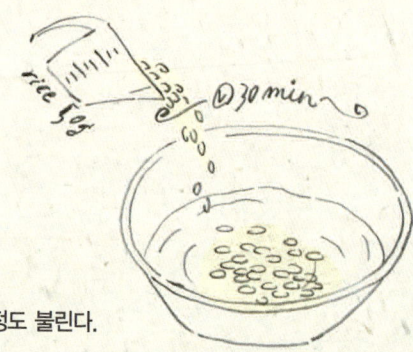

01 쌀을 찬물에 30분 정도 불린다.

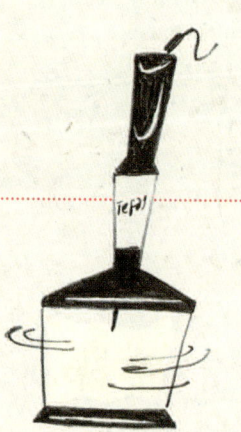

02 아기 젖병에 분유 3Ts(어른 밥숟가락 4½ 숟가락), 따뜻한 물 100ml를 넣고 분유물을 만든다.
* 우유 알레르기가 없다면 분유물 대신 생우유를 사용해도 좋다.

03 블렌더에 ①의 물에 불린 쌀(물 제외)과 ②의 분유물(또는 우유 100ml)을 넣고 간다.

04 냄비에 ③의 블렌더에 간 재료를 넣고 끓인다.

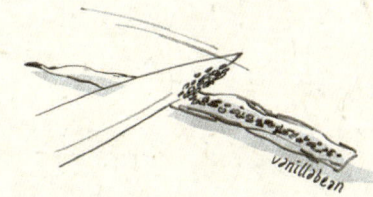

05 바닐라빈 껍질을 세로로 잘라 껍질을 벌린 후 칼 끝으로 씨를 긁어낸다.

* 바닐라빈 대신 바닐라 에센스 1~2방울을 넣어도 좋으며 없으면 생략해도 된다.

06 ④의 냄비에 ⑤의 바닐라빈 씨와 어린이용 치즈 ½ 장, 물 80ml를 넣고 푹 익을 때까지 끓인다.

07 그릇에 담아 마무리한다.

CHEF'S TIP

• 디저트에 많이 사용되는 바닐라빈. 껍질을 반으로 가르면 나오는 검은 씨를 요리에 넣으면 달콤한 바닐라 향이 은은하게 퍼진답니다. 바닐라빈은 베이킹 관련 인터넷 쇼핑몰에서 쉽게 구매할 수 있어요. 남은 바닐라빈은 밀폐용기에 담아 서늘한 곳에 보관하는 것이 좋습니다.

스노우아일랜드

중기 이유식 7~9개월

• **제공량** 총 4회 제공량 400g / 1회 100g • **냉장보관일** 2~3일

콜리플라워로 만드는 부드러운 이유식입니다.
콜리플라워는 100g만 섭취해도 하루에 필요한 비타민C의 양을
모두 섭취할 수 있을 정도로 비타민이 풍부한 채소랍니다.
이유식 시기가 끝나고 유아식을 시작하는 18개월 이후부터는
본 이유식에 수란(달걀을 깨뜨려 끓는 물에 반숙 정도로 익힌 음식)을
올려 든든한 유아식으로 응용해보세요.

INGREDIENTS
조리 재료

콜리플라워 270g
우유 160ml
올리브오일 2ts

COOKING UTENSILS
조리 도구

칼
도마
냄비
찜기
블렌더

❝ 비타민C가 풍부한 콜리플라워 이유식 ❞

조리
과정

01 콜리플라워는 단단한 밑동은 도려내고 송이 부분만 떼어둔다.

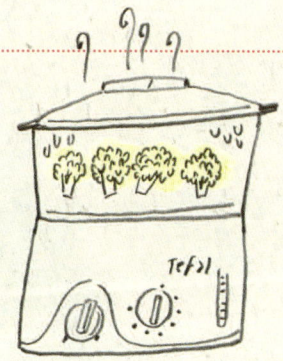

02 찜기에 ①의 손질한 콜리플라워를 넣고 푹 익을 때까지 찐다.

03 ②의 찜기에 찐 콜리플라워의 소량을 덜어 잘게 다진다.
* 나중에 가니시(장식)로 활용한다.

04 블렌더에 ②의 찜기에 찐 콜리플라워와 우유 160ml, 올리브오일 2ts(어른 밥숟가락 1숟가락)을 넣고 간다.

05 냄비에 ④의 블렌더에 간 재료를 넣고 끓인다.

06 그릇에 담은 후 ③의 다진 콜리플라워를 올려 마무리한다.

사찰식 버섯 미음

중기 이유식 7~9개월

• 제공량 총 4회 제공량 400g / 1회 100g • 냉장보관일 2~3일

Guest Chef

한식을 기본으로 한 새로운 스타일의 요리를 선보이는 〈밍글스〉의 강민구 셰프가 만드는 사찰식 버섯 미음입니다. 채소만으로 맛을 내는 사찰요리에서 영감을 얻은 메뉴로 고기 대신 비슷한 식감의 건표고버섯을 사용했습니다. 천연 다시마와 버섯을 넣어 별도의 간을 하지 않아도 감칠맛이 풍부한 이유식이 완성된답니다.

INGREDIENTS
조리 재료

쌀 120g
건표고버섯 70g
무 120g
양파 120g
대파 120g
당근 120g
다시마 2장
물 1.2ℓ

COOKING UTENSILS
조리 도구

칼
도마
전기압력밥솥
블렌더
볼
필러

❝〈밍글스〉 강민구 셰프의 사찰식 버섯 미음❞

조리과정

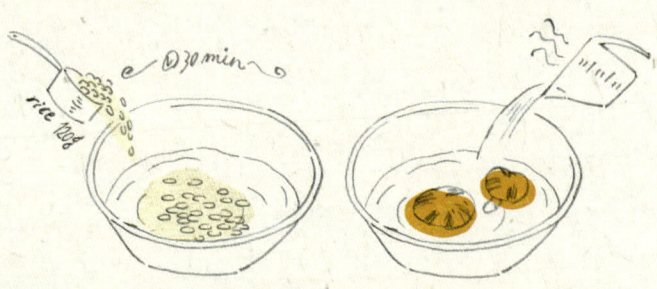

01 쌀은 찬물 1.2ℓ에 담가 30분 정도 불리고 건표고버섯도 뜨거운 물에 불린다.

02 무와 당근은 필러로 껍질을 벗긴 후 적당한 크기로 썬다.

03 양파는 겉껍질과 얇은 막을 벗겨 속에 있는 굵은 심지를 도려낸 후 적당한 크기로 썬다.

04 대파의 흰 부분을 길게 잘라 물로 깨끗이 씻은 후 적당한 크기로 썬다.
* 파 가운데 심지는 아릿한 맛이 나므로 제거한다.

05 전기압력밥솥에 ①의 물에 불린 표고버섯(물 제외)과 쌀(물까지 포함), ②, ③, ④의 손질한 무, 당근, 양파, 대파와 다시마 2장을 넣고 40분 동안 취사한다.

06 취사가 끝나면 다시마와 표고버섯을 빼고 나머지 ⑤의 재료를 블렌더에 넣고 간다.
*표고버섯은 남겨두고 다시마만 버린다.

07 블렌더에 ⑥의 남겨둔 표고버섯을 넣고 간다.

08 볼에 ⑥, ⑦의 블렌더에 간 재료를 넣고 섞는다.

09 그릇에 담아 마무리한다.

CHEF'S TIP

• 건표고버섯은 아기가 소화하기엔 조금 질길 수 있으니 물에 불린 후 블렌더로 곱게 갈아 사용하세요.

중기 이유식 7~9개월

밤 무스

• **제공량** 총 4회 제공량 400g / 1회 100g   • **냉장보관일** 2~3일

Guest Chef

〈서울신라호텔 라연〉의 임형택 셰프가 선보이는 밤 이유식입니다.
라연의 시그니처 메뉴인 율자죽을 이유식으로 재해석한 것으로
고소하면서도 달달한 밤과 부드러운 우유가 조화를 이룹니다.
밤은 탄수화물을 비롯해 지방, 단백질, 비타민, 무기질 등 5대 영양소를
골고루 함유하고 있어 아기 이유식 재료로 사용하기 좋답니다.
맛뿐만 아니라 영양소까지 풍부한 고품격 이유식을 만들어보세요.

INGREDIENTS	COOKING UTENSILS
조리 재료	조리 도구

찐 밤 250g
우유 400ml
다시마 1장
얼음

칼
도마
냄비
찜통
블렌더
볼
체
그레이터
 * 치즈를 갈 때
   사용하는 강판
지퍼백
커피필터

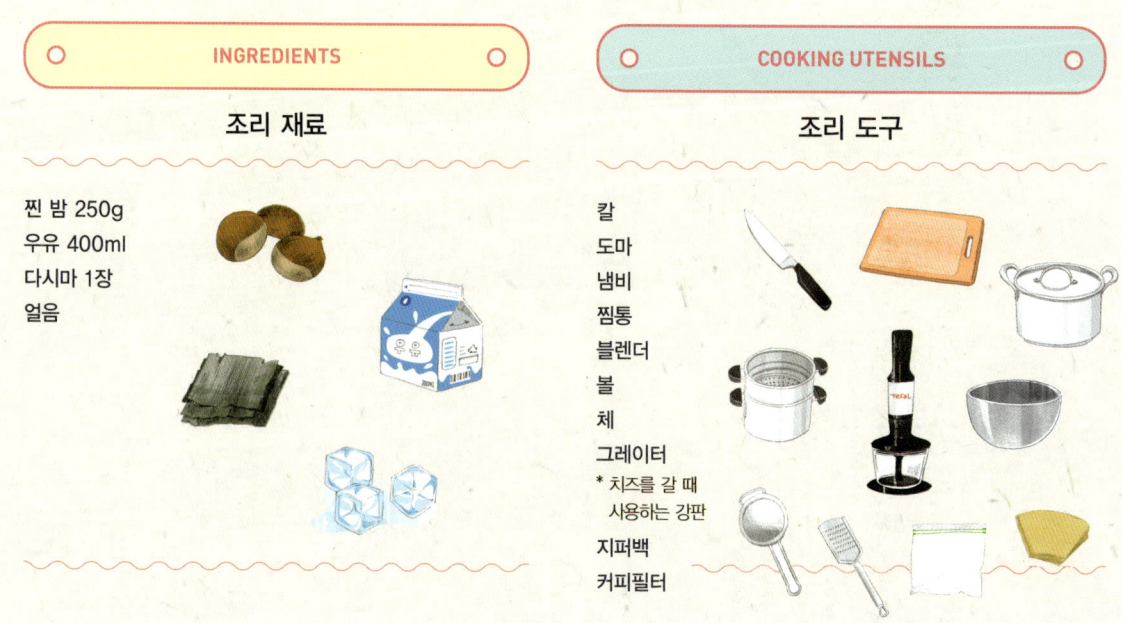

❝〈서울신라호텔 라연〉 임형택 셰프의 밤 이유식❞

조리 과정

01 볼에 다시마 1장을 넣고 우유 400ml를 부어 다시마 우유를 만든다.
* 다시마는 10분 후에 건져낸다.

02 찜통에 밤을 넣고 푹 익을 때까지 찐다.
* 밤은 껍질이 딱딱하기 때문에 전기찜기보다는 가스불에 올리는 찜통에 찌는 것이 시간이 절약된다.

03 냄비에 ①의 다시마 우유를 넣고 약한 불에 15분 동안 끓인다.

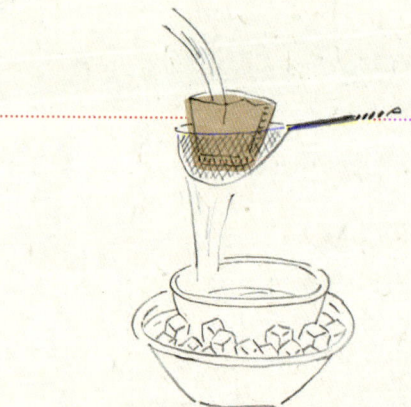

04 오목한 체에 커피필터를 깔고 ③의 다시마 우유를 내린 후 얼음물에 중탕하여 차갑게 식힌다.
* 커피필터에 내리면 아기가 소화하기 힘든 우유의 미세한 단백질 덩어리를 거를 수 있다.

05 ②의 찐 밤은 지퍼백에 담아 밀봉한 후 얼음물에 차갑게 식힌다.

06 ⑤의 차갑게 식힌 밤의 껍질을 깎는다.
* 밤 1~2개는 나중에 가니시(장식)로 활용한다.

07 블렌더에 ④의 다시마 우유 250ml와 ⑥의 껍질을 깎은 밤 250g을 넣고 간다.

08 냄비에 ⑦의 블렌더에 간 재료를 넣고 되직한 농도로 끓인다.

09 체에 곱게 내린다.

10 그릇에 담은 후 그레이터로 깐 밤 1개를 갈아 이유식 위에 올려 마무리 한다.

11 완성

다복맘의 중기 이유식 일기

중기 이유식은 7개월부터 시작했어요.

이때부터는 소고기를 이유식에 많이 활용했어요.

아기에게 필요한 철분 섭취를 위해 소고기 미음을 만들었죠.

소고기는 정육점에서 많은 양을 사기보다는 유기농 매장에서 아기 이유식용으로 나온 다진 소고기를 활용했어요.

일반 정육점에서 덩어리째로 사면 찬물에 담가 핏물을 제거해야 할 뿐만 아니라 소량은 팔지 않기 때문이죠.

이유식을 만들 때 고기 누린내를 없애기 위한 재료를 첨가할 수 없기 때문에

고기 누린내가 나지 않는 질 좋은 등급의 고기와 부드러운 안심 부위를 주로 사용했습니다.

소고기 미음을 먹인 후에는 배를 갈아 넣어 소고기배 미음을 만들어줬는데, 다복이가 참 좋아하더라고요.

닭가슴살을 찹쌀 미음에 섞어 닭고기 미음으로 만들어주기도 했어요.

육수를 활용한 것도 이유식 중기부터네요.

소고기 육수나 다시마물, 닭고기 육수에 고기, 채소 등을 섞어 죽의 묽기로 만들었죠.

약간 덩어리가 있게끔 만들었고 너무 덩어리가 크다 싶으면 숟가락으로 으깨 먹였습니다.

아기가 씹는 연습을 할 수 있도록 더 이상 이유식을 체에 내리지 않는 것이 중요해요.

채소는 두 개보다는 영양소를 생각해 세 개를 섞어 만들었습니다.

예를 들어 완두콩, 감자, 양배추를 섞는 식이었죠.

분유물에 채소를 넣고 끓여서 준 적도 있는데, 고소하면서 부드러워 다복이가 참 잘 먹었어요.

이유식 중기에서 후기로 넘어가면서부터는 간식도 하루에 한 번 줬습니다.

주로 감자, 고구마, 단호박 등을 쪄서 핑거푸드 형식으로 먹게 했고

과일은 알레르기를 유발하지 않는 사과, 배 위주로 먹었어요.

처음에는 곱게 갈아서 주다가 나중에는 과즙 망에 넣어 줬더니

아기가 가지고 다니면서 빨아먹기도 하고 잘 놀더라고요.

많은 엄마들이 이 시기에 시중에서 파는 아기 과자를 간식으로 주는데,

아무래도 첨가물이 없을 수가 없더라고요. 직접 만드는 핑거푸드보다는 영양소 면에서 떨어질 수밖에 없죠.

그래서 다복이에게 돌 전에 시판 과자를 먹이지 않았어요.

CHAPTER 03

후기 이유식
10~12개월

치아가 본격적으로 나는 이유식 후기부터는 보통의 밥에 물을 약간 더 넣은 진밥을 거뜬히 소화할 수 있어요. 아기가 소화할 수 있는 재료의 한계가 많았던 이유식 초기, 중기와는 달리 재료의 제한도 많이 사라지는 때죠. 이때부터는 다양한 이유식 재료를 활용해 영양소를 골고루 섭취할 수 있게 하는 것이 중요합니다.

딸바보 파르페 | 스패니시 이유식

애플요거트 | 오렌지로드 | 닭두유 죽

비건 이유식 | 트로피카나 | 쑥두부 찜

토마토딸기 가스파초 | 후무스 이유식

Guest Chef

강민구 셰프 – 바다 죽

임정식 셰프 – 미역 파에야

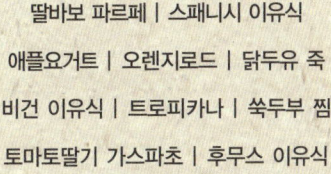

다복맘의 후기 이유식 일기

후기 이유식 10~12개월

딸바보 파르페

• 제공량 총 2회 제공량 240g / 1회 120g • 냉장보관일 2일

무더운 여름, 우리 아기에게도 시원한 음료를
먹게 해주고 싶은 마음에서 만든 이유식이에요.
아기가 입맛이 없을 때 먹이면 좋은 과일 스무디로
이유식은 물론이고 간식으로 활용하기도 좋답니다.
딸기와 바나나, 플레인요구르트, 우유 등을 섞어 만들어보세요.

INGREDIENTS
조리 재료

딸기 130g
바나나 60g
우유 20ml
플레인요구르트 2Ts

COOKING UTENSILS
조리 도구

칼
도마
블렌더

"상큼한 딸기바나나 파르페"

01 딸기는 꼭지를 뗀 후 1cm 두께로 썬다.

02 바나나는 껍질을 벗긴 후 1cm 두께로 썬다.

03 ①과 ②의 손질한 딸기와 바나나 소량을 덜어 잘게 다져 놓는다.
* 나중에 가니시(장식)로 활용한다.

04 블렌더에 ①과 ②의 손질한 딸기와 바나나, 우유 20ml(어른 밥숟가락 2숟가락)를 넣고 간다.

05 컵 밑바닥에 플레인요구르트 1Ts (어른 밥숟가락 1½ 숟가락)을 깔고 그 위에 완성된 스무디를 올린다.

06 ⑤에 플레인요구르트 1Ts(어른 밥숟가락 1½ 숟가락)과 ③의 다진 딸기, 바나나를 순서대로 올려 마무리한다.

07 완성

CHEF'S TIP

- 칼로 재료를 다질 때는 칼 자루의 앞쪽을 움켜쥐고 엄지와 검지 손가락으로 칼날의 윗부분을 잡으세요. 그리고 손목 스냅을 이용하여 가볍게 다집니다. (211p 참고)

후기
이유식
10~12개월

스패니시 이유식

• 제공량 총 2회 제공량 240g / 1회 120g • 냉장보관일 2일

지중해와 맞닿은 스페인에서는 고급스러운 생선 요리가 유명합니다.
이번에 만들 이유식은 오래전부터 셰프들 사이에서 유명했던 조합인
대구와 로즈마리를 활용한 스페인풍의 이유식입니다.
로즈마리를 넣은 우유에 대구를 마리네이드해
혹시 모를 비린내를 제거해주세요.

INGREDIENTS
조리 재료

대구 60g
감자 210g
우유 30ml
우유(마리네이드용) 100ml
청파프리카 15g
로즈마리 소량
생강 ½ ts
올리브오일 ½ ts

COOKING UTENSILS
조리 도구

칼
도마
냄비
찜기
볼
포크

❝ 대구로 만드는 스페인풍 이유식 ❞

조리 과정

01 그릇에 대구, 로즈마리, 생강 ½ ts(어른 밥숟가락 ¼ 숟가락)을 넣고 대구가 잠길 정도로 우유를 부어 10분 정도 마리네이드 한다.
* 대구에 껍질이 있다면 칼로 껍질을 벗긴다.

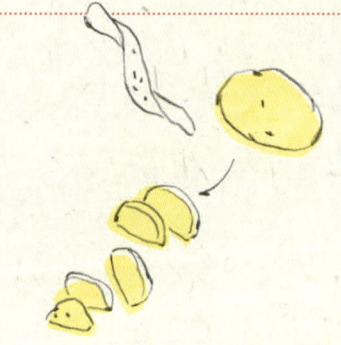

02 감자는 껍질을 깎은 후 1cm 두께로 썬다.

03 ②의 손질한 감자를 찬물에 10분 정도 담가 전분을 제거한다.

04 냄비에 ③의 전분을 제거한 감자와 물을 넣고 푹 익을 때까지 끓인다.

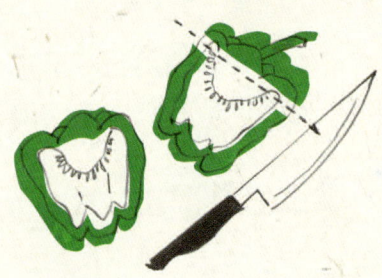

05 청파프리카는 꼭지와 씨, 하얀 속을 도려낸다.

06 찜기에 ①의 마리네이드한 대구와 ⑤의 손질한 청파프리카를 넣고 푹 익을 때까지 찐다.

07 ⑥의 찜기에 찐 청파프리카를 다진다.

08 볼에 ④의 삶은 감자와 ⑥의 찜기에 찐 대구, ⑦의 다진 청파프리카, 우유 30ml, 올리브오일 ½ ts (어른 밥숟가락 ¼ 숟가락)을 넣고 포크로 으깬다.

09 그릇에 담아 마무리한다.

CHEF'S TIP

- 마리네이드는 고기나 생선 등을 조리하기 전에 고기를 부드럽게 하거나 비린내를 없애기 위해 향신료, 주스, 우유 등에 절이는 과정을 뜻해요. 스패니시 이유식에는 로즈마리와 우유를 이용해 마리네이드 할 건데요. 이때 로즈마리는 프레시가 아닌 드라이 로즈마리를 사용해도 괜찮습니다.

후기
이유식
10~12개월

애플요거트

• 제공량 총 2회 제공량 240g / 1회 120g • 냉장보관일 2~3일

유럽에서는 사과에 시나몬가루를 더한 요리가 오래전부터 많았을 정도로 사과와 시나몬의 조합은 매우 훌륭해요. 아기가 먹을 수 있을 정도 양의 시나몬가루를 첨가해 맛을 더했습니다. 당분이 없으면서도 소화하기 좋은 플레인요구르트를 올려 맛있는 이유식을 만들어보세요.

INGREDIENTS
조리 재료

사과 300g
시나몬가루 1ts
플레인요구르트 1Ts

COOKING UTENSILS
조리 도구

칼
도마
찜기
블렌더

❝ 달콤한 애플요거트 이유식 ❞

조리과정

01 사과의 껍질을 깎은 후 단단한 심지와 씨를 제거하고 깍둑썰기한다.

02 찜기에 ①의 손질한 사과를 넣고 푹 익을 때까지 찐다.

03 블렌더에 ②의 찜기에 찐 사과와 시나몬가루 1ts(어른 밥숟가락 ½ 숟가락)을 넣고 간다.

04 그릇에 담은 후 플레인요구르트 1Ts(어른 밥숟가락 1½ 숟가락)을 올려 마무리한다.

05 완성

3. 후기 이유식 (10~12개월)   97

후기 이유식
10~12개월

오렌지로드

• 제공량 총 2회 제공량 240g / 1회 120g • 냉장보관일 2일

이번 이유식은 스페인 발렌시아에서 유학했던 시절의 추억을 담아 만들었어요.
오렌지를 가장 많이 재배하는 곳인 발렌시아의 오렌지를 떠올리며
오렌지와 잘 어울리는 바질과 완두콩, 우유 등을 섞어 만들었습니다.
무더운 여름, 간식으로 만들어 주면 아기가 무척이나 좋아할 거예요.

INGREDIENTS
조리재료

오렌지 400g(오렌지즙 120ml) - 오렌지 2개 분량
냉동 완두콩 140g
바질잎(또는 민트) 1장

COOKING UTENSILS
조리도구

칼
도마
블렌더
스퀴저

❝ 발렌시아를 담은 오렌지 이유식 ❞

조리
과정

01 냉동 완두콩은 그릇에 담아 상온에 해동한다.

02 오렌지 2개를 반으로 자른다.

03 반으로 자른 오렌지 4개 중 3개는 스퀴저로 즙을 짠다.
* 스퀴저가 없을 때는 포크를 이용한다.

04 반으로 자른 오렌지 4개 중 남은 오렌지 1개는 칼로 오렌지 속을 도려낸다.
* 오렌지 껍질은 나중에 이유식 담는 용기로 활용한다.

05 ④의 도려낸 오렌지 속은 투명한 과일 막을 제거한 후 다진다.
* 나중에 가니시(장식)로 활용한다.

06 블렌더에 ①의 냉동 완두콩과 ③의 오렌지즙 120ml, 바질잎 1장을 넣고 간다.

07 ④의 속을 파낸 오렌지 껍질에 ⑥의 블렌더에 간 재료를 담는다.

08 ⑤의 다진 오렌지 속을 올려 마무리한다.

09 완성

CHEF'S TIP

• 시중에서 판매하는 완두콩 통조림에는 화학 첨가물이 많이 들어있기 때문에 되도록이면 생 완두콩이나 냉동 완두콩을 구매해 사용하세요. 냉동 완두콩을 구매할 때는 첨가물이 들어 있는지 꼭 확인하세요.

닭두유 죽

후기 이유식 10~12개월

• 제공량 총 2회 제공량 240g / 1회 120g • 냉장보관일 2~3일

두유는 단백질과 칼슘이 풍부하게 함유되어 있는 콩으로 만들어
아기의 두뇌 성장 발달에 큰 도움이 되는 식재료입니다.
단백질 덩어리인 닭가슴살과 비타민B, 단백질 등이 풍부한 두부를
함께 넣어 영양은 물론이고 고소한 맛까지 챙긴 건강 이유식이랍니다.
일반 두유가 아닌 어린이용 두유를 선택하는 것이 좋으며
두유를 아기 입에 묻혀 알레르기 반응을 살핀 후 이유식에 활용하세요.

INGREDIENTS
조리 재료

닭가슴살 30g
두부 120g
어린이용 두유 120ml

COOKING UTENSILS
조리 도구

칼
도마
냄비
찜기
블렌더
볼
포크

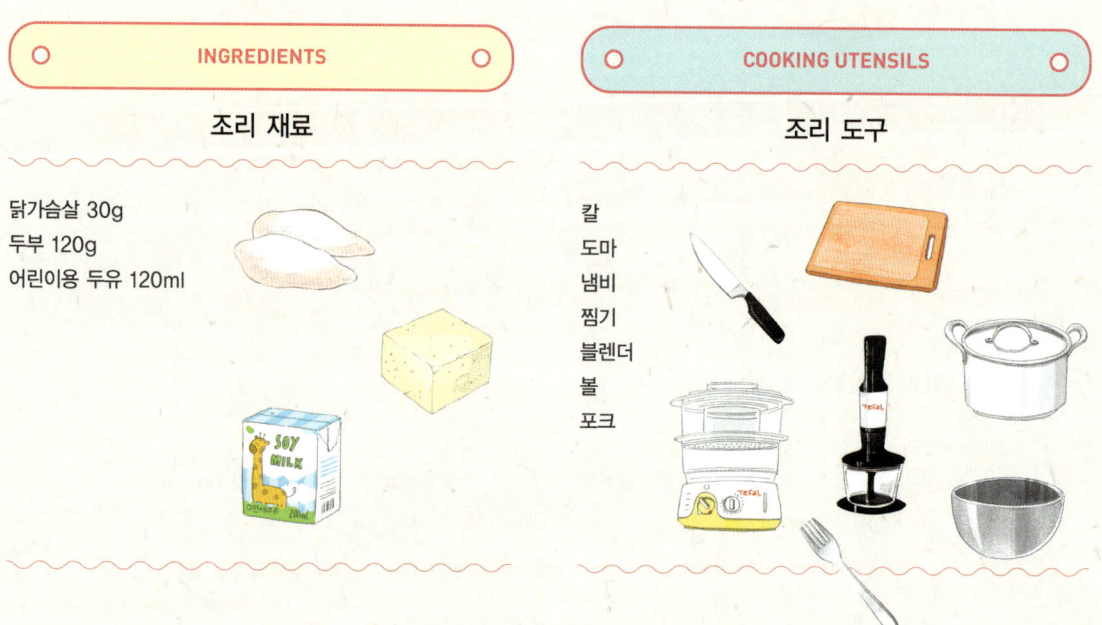

❝ 고소한 맛을 더한 영양만점 이유식 ❞

조리 과정

01 찜기에 닭가슴살을 넣고 푹 익을 때까지 찐다.

02 볼에 두부를 넣고 포크로 으깬다.

03 블렌더에 ②의 으깬 두부와 두유 120ml를 넣고 간다.

04 ①의 찜기에 찐 닭가슴살을 살짝 식힌 후 다진다.

05 냄비에 ③의 블렌더에 간 재료와 ④의 다진 닭가슴살을 넣고 끓인다.

06 그릇에 담아 마무리한다.

CHEF'S TIP

- 찜기에 찐 고기는 살짝 식힌 후 칼로 다지면 손쉽게 다질 수 있습니다.
- 냄비에 두유, 우유 등을 끓일 때는 눌어붙지 않게 계속해서 저어주는 것이 중요합니다.
  냄비에서 금방 끓어 넘치기도 하고 바닥에 쉽게 눌어붙을 수 있으니까요.

후기 이유식
10~12개월

비건 이유식

• 제공량 총 4회 제공량 480g / 1회 120g • 냉장보관일 2~3일

채식주의자를 뜻하는 '비건'이라는 이름에서 알 수 있듯이 시중에서 쉽게 구할 수 있는 채소들로 만드는 이유식이에요. 소화흡수를 돕는 비타민A, 비타민C가 풍부한 애호박과 철분이 풍부한 시금치, 식이섬유가 풍부한 당근 등을 넣어 다양한 영양소를 채운 건강 이유식입니다.

INGREDIENTS
조리 재료

애호박 70g
당근 400g
시금치 60g
올리브오일 2ts

COOKING UTENSILS
조리 도구

칼
도마
냄비
찜기
블렌더
필러

❝ 구하기 쉬운 채소로 만드는 건강 이유식 ❞

3. 후기 이유식 (10~12개월)

조리 과정

01 당근은 필러로 껍질을 벗긴다.

02 애호박과 ①의 껍질을 벗긴 당근은 1cm 크기로 썬다.

03 찜기에 ②의 손질한 애호박과 당근, 시금치 이파리를 넣고 푹 익을 때까지 찐다.
 * 시금치는 1분 정도만 찌고 찜기에서 뺀다.
 * 찔 때 나온 육수는 버리지 말고 따로 담아둔다.

04 ③의 찜기에 찐 시금치는 살짝 식힌 후 다진다.

05 블렌더에 ③의 찜기에 찐 애호박과 당근, 육수 40ml를 넣고 간다.

06 냄비에 ⑤의 블렌더에 간 재료와 육수 170ml, 올리브오일 2ts(어른 밥숟가락 1숟가락)을 넣고 끓인다. 끓이는 도중 육수를 소량 추가하면서 농도를 맞춘다.

* 육수가 모자라면 모자란 만큼 물을 사용해도 좋다.

07 ④의 다진 시금치를 넣고 살짝 끓인다.

08 그릇에 담아 마무리한다.

3. 후기 이유식 (10~12개월)

후기 이유식 10~12개월

트로피카나

• **제공량** 총 2회 제공량 240g / 1회 120g • **냉장보관일** 2일

대표적인 열대과일인 망고와 바나나로 만드는 이유식입니다.
특히 망고는 섬유질과 수분이 풍부해
변비가 있는 아기에게 먹이면 더욱 좋은 과일이죠.
바나나와 망고는 영양소 밸런스가 우수한 우유, 플레인요구르트와도
궁합이 잘 맞아 맛과 영양소 모두 훌륭하답니다.

INGREDIENTS
조리 재료

망고 300g
바나나 120g
플레인요구르트 1Ts

COOKING UTENSILS
조리 도구

칼
도마
찜기
블렌더

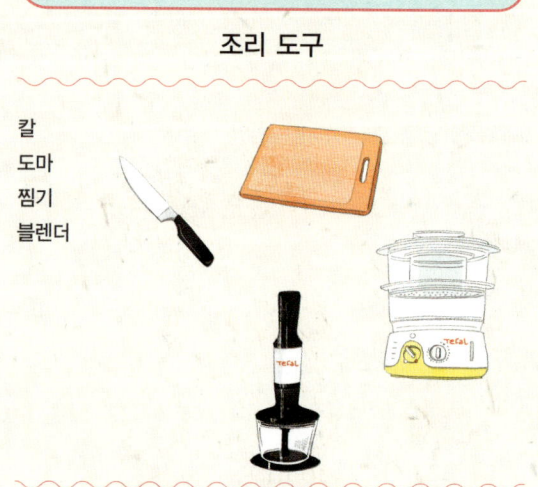

❝ 노란 열대과일 이유식 ❞

3. 후기 이유식 (10~12개월)

조리
과정

01 바나나는 껍질을 벗긴 후 1cm 두께로 썬다.

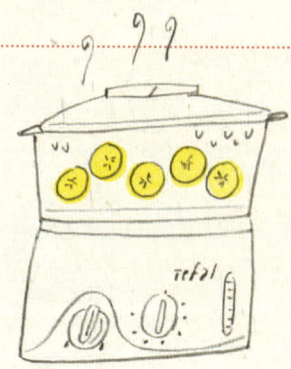

02 찜기에 ①의 손질한 바나나를 넣고 푹 익을 때까지 찐다.

03 망고의 껍질을 벗긴 후 씨를 제거하고 깍둑썰기한다.

04 블렌더에 ②의 찜기에 찐 바나나와 ③의 손질한 망고를 넣고 간다.

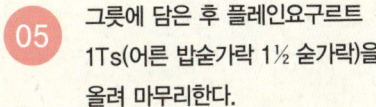

05 그릇에 담은 후 플레인요구르트 1Ts(어른 밥숟가락 1½ 숟가락)을 올려 마무리한다.

후기 이유식 10~12개월

쑥두부 찜

• 제공량 총 2회 제공량 240g / 1회 120g • 냉장보관일 2일

봄의 제철 채소인 쑥은 베타카로틴, 비타민C를 비롯해
철분, 칼슘 등을 풍부하게 함유하고 있는 채소입니다.
아기의 피로 회복과 감기 예방에도 탁월한 효과가 있죠.
두부에 향긋한 쑥 향이 배어 아기의 입맛을 돋우는 이유식이랍니다.
쑥대신 시금치나 허브를 넣어도 좋아요.

INGREDIENTS
조리 재료

쑥 10g
두부 220g
달걀 1개

COOKING UTENSILS
조리 도구

칼
도마
냄비
전자레인지
볼
체

" 쑥 향이 가득 밴 두부 이유식 "

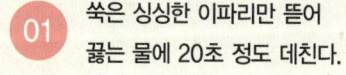

조리
과정

01 쑥은 싱싱한 이파리만 뜯어 끓는 물에 20초 정도 데친다.

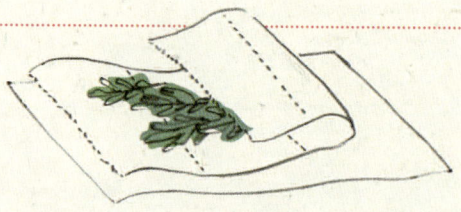

02 ①의 데친 쑥을 체로 건진 후 키친타올로 물기를 제거한다.

03 ②의 물기를 제거한 쑥을 다진다.

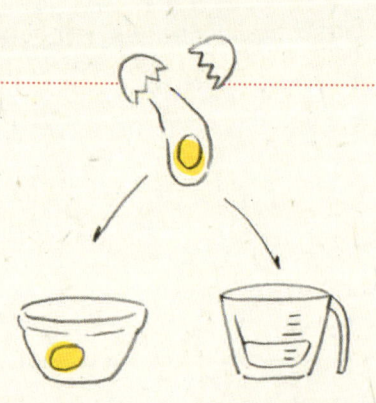

04 달걀은 노른자와 흰자를 분리한다.
* 조리에는 달걀 흰자만 사용한다.

05 볼에 두부와 ③의 다진 쑥, ④의 달걀 흰자를 넣고 나무숟가락으로 두부를 으깬다.

06 나무숟가락으로 어느 정도 으깬 후에는 손으로 좀 더 잘게 두부를 으깬다.

07 그릇에 ⑥의 재료를 담아 랩을 씌우고 젓가락으로 구멍을 2~3개 뚫은 후 전자레인지에 2분 정도 돌린다.

* 바로 먹일 1회 분량만 전자레인지에 돌리고 남은 반죽은 냉장 보관했다가 그때그때 전자레인지에 돌린다.

08 완성

후기 이유식
10~12개월

토마토딸기 가스파초

• **제공량** 총 2회 제공량 240g / 1회 120g • **냉장보관일** 2일

토마토, 오이, 피망 등을 갈아 차갑게 먹는 수프인 가스파초를
아기가 먹을 수 있도록 만들어봤어요.
가스파초는 스페인 남부 지역인 안달루시아에서 유래한 음식이에요.
원래는 마늘과 양파가 넉넉하게 들어가지만
이유식이기에 아기에게 부담이 없는 재료만을 넣어 만들었습니다.
무더운 여름, 입맛이 없는 아기에게 주면 딱 좋은 이유식이겠죠?

INGREDIENTS
조리 재료

토마토 360g
딸기 50g
오이 30g
식빵 10g
올리브오일 1ts
와인 비네거 1ts

COOKING UTENSILS
조리 도구

칼
도마
냄비
블렌더
볼

❝ 스페인의 냉수프 가스파초 이유식 ❞

조리 과정

01 칼 끝을 이용해 토마토 꼭지를 도려낸 후 뒤집어서 반대쪽에 십자 모양으로 칼집을 낸다.

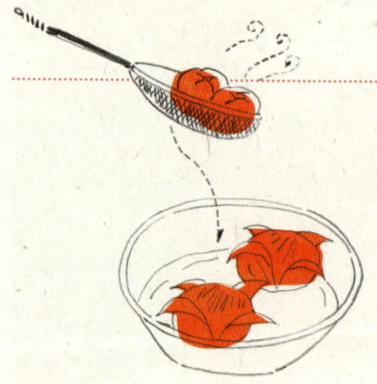

02 끓는 물에 ①의 칼집을 낸 토마토를 20초 정도 데친 후 찬물에 담가 껍질을 벗긴다.

03 키친타올로 ②의 껍질을 벗긴 토마토의 물기를 제거한 후 씨 부분을 도려낸다.

04 딸기는 꼭지를 뗀 후 1cm 두께로 썬다.

05 오이는 칼로 껍질을 벗긴 후 나무숟가락으로 씨를 긁어내고 적당한 크기로 썬다.

06 식빵은 겉 테두리를 칼로 잘라내고 부드러운 부분만 깍둑썰기한다.

07 블렌더에 ③, ④, ⑤, ⑥의 손질한 토마토, 딸기, 오이, 식빵과 물 1Ts(어른 밥숟가락 1½ 숟가락), 와인 비네거 1ts, 올리브오일 1ts(어른 밥숟가락 ½ 숟가락)을 넣고 간다.

* 와인 비네거가 없으면 취향에 따라 일반 식초를 사용해도 좋다.

08 그릇에 담아 마무리한다.

CHEF'S TIP

• 토마토와 오이의 씨는 알레르기 반응을 일으킬 수 있으니 반드시 제거한 후 이유식에 사용하세요.

후무스 이유식

후기 이유식 10~12개월

- 제공량 총 4회 제공량 480g / 1회 120g • 냉장보관일 2~3일

생김새가 병아리 얼굴을 닮았다 하여 이름 붙여진 병아리콩은 인도, 중앙아시아 요리에서 예전부터 많이 사용되는 식재료입니다. 병아리콩은 비타민B1과 비타민C, 칼슘, 철분 등의 영양소가 풍부할 뿐만 아니라 맛도 밤처럼 고소합니다. 고소한 맛 덕분에 아기가 한 그릇을 뚝딱 비울 수 있을 거예요.

INGREDIENTS
조리 재료

병아리콩 280g
우유 220ml
올리브오일 1ts

COOKING UTENSILS
조리 도구

냄비
블렌더
볼
체

❝ 고소한 맛과 영양이 한가득! ❞

조리
과정

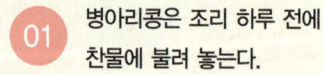

01 병아리콩은 조리 하루 전에 찬물에 불려 놓는다.

02 ①의 물에 불린 병아리콩의 껍질을 벗긴다.
* 아기가 씹기에 껍질이 질길 수 있으므로 껍질을 벗긴 후 조리에 사용한다.

03 냄비에 ②의 껍질을 벗긴 병아리콩과 물을 넣고 푹 익을 때까지 끓인다.

04 블렌더에 ③의 삶은 병아리콩을 넣고 간다.
* 블렌더에 간 병아리콩 한 숟가락은 따로 덜어 두어 나중에 가니시(장식)로 활용한다.

05 ④에 우유 220ml를 넣고 간다.

06 냄비에 ⑤의 블렌더에 간 재료를 넣고 살짝 끓인다.

07 그릇에 담은 후 ④의 덜어둔 병아리콩과 올리브오일 1ts(어른 밥숟가락 ½ 숟가락)을 넣어 마무리한다.

CHEF'S TIP

- 병아리콩은 단단하기 때문에 하룻밤 정도 물에 불려 놓아야 합니다.
  이유식 만들기 전날 밤에 물에 불린 후 껍질을 벗겨 사용하세요.

바다 죽

후기 이유식 10~12개월

- 제공량 총 4회 제공량 480g / 1회 120g   • 냉장보관일 2~3일

Guest Chef

한식을 기본으로 한 새로운 스타일의 요리를 선보이는
〈밍글스〉 강민구 셰프가 만드는 바다 죽입니다.
북어, 미역, 다시마 등의 재료를 넣어 이름처럼 바다의 맛을
물씬 느낄 수 있는 이유식입니다.
이유식 후기부터는 어느 정도 입자가 있는 음식을 씹을 수 있으므로
씹는 맛이 좋은 북어를 넣어 감칠맛을 더해보세요.

INGREDIENTS
조리 재료

쌀 60g
북어 10g
미역 5g
다시마 5g
물 560ml

COOKING UTENSILS
조리 도구

약탕기(또는 전기압력밥솥)
블렌더
볼

❝ 〈밍글스〉 강민구 셰프의 영양만점 이유식 ❞

조리 과정

01 쌀을 찬물 500ml에 30분 정도 불린다.

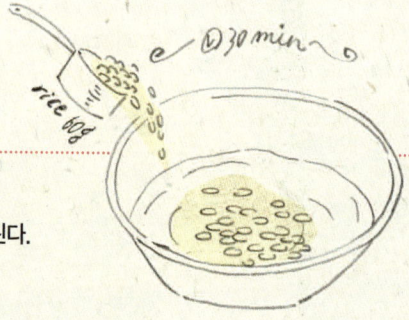

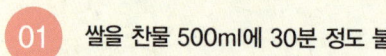

02 약탕기에 ①의 물에 불린 쌀(물까지 포함)과 미역, 북어, 다시마를 넣고 1시간 동안 찐다.

* 약탕기가 없을 때는 전기압력밥솥에 잡곡 모드로 취사한다.

03 취사가 끝난 후 약탕기에서 다시마를 건져낸다.

04 블렌더에 ③의 재료와 물 60ml(종이컵 ⅓ 컵)를 넣고 간다.

05 그릇에 담아 마무리한다.

CHEF'S TIP

- 약탕기에 이유식 재료를 넣고 찌면 수분 손실이 거의 없답니다.
  집에 약탕기가 없다면 전기압력밥솥의 잡곡 모드를 활용해도 좋아요.

미역 파에야

후기 이유식 10~12개월

• 제공량 총 4회 제공량 480g / 1회 120g • 냉장보관일 2~3일

Guest Chef

임정식 셰프가 이끄는 뉴코리안 레스토랑 〈정식당〉의 대표메뉴인 미역 파에야 이유식 버전입니다. 아기를 낳은 후 산모가 가장 먼저 먹는 음식이기도 한 미역은 철분이 풍부하게 함유되어 있어 이유식으로 활용하기 좋은 식재료에요. 탄수화물인 쌀과 미역, 소고기 양지 육수 등이 조화를 이루는 영양만점 건강 이유식입니다.

INGREDIENTS
조리 재료

쌀 60g
소고기 양지 40g
미역 10g
대파 20g
물 1ℓ

COOKING UTENSILS
조리 도구

칼
도마
냄비
블렌더
볼

❝ 〈정식당〉 임정식 셰프의 미역 파에야 ❞

3. 후기 이유식 (10~12개월)

조리 과정

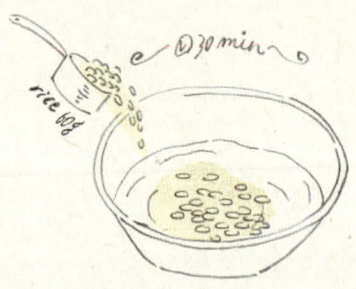

01 쌀을 찬물 200ml에 30분 정도 불린다.

02 마른 미역은 1cm 크기로 자른다.

03 블렌더에 ②의 손질한 미역을 넣고 간다.

04 대파 가운데 심지는 아릿한 맛이 나므로 제거하고 대파 흰 부분만 1cm 두께로 썬다.

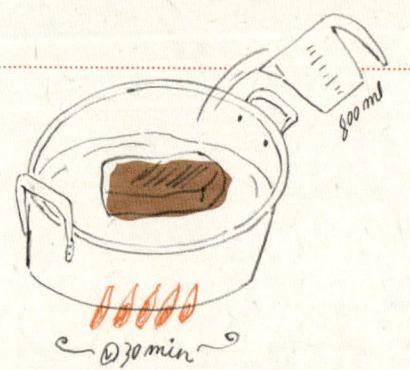

05 냄비에 물 800ml와 소고기 양지를 넣고 30분 동안 끓인다.

* 감칠맛을 내기 위해 불 끄기 10초 전에 대파를 넣었다가 뺀다.
* 소고기를 삶은 육수는 버리지 말고 따로 담아둔다.

06 ⑤의 찐 소고기는 살짝 식힌 후 다진다.

07 냄비에 ①의 물에 불린 쌀(물까지 포함)과 ③의 블렌더에 간 미역, ⑤의 소고기 육수 400ml, ⑥의 다진 소고기를 넣고 푹 익을 때까지 끓인다.

* 집에 남은 밥이 있다면 생쌀 대신 밥을 넣어도 좋다.
* 물을 소량씩 추가해 농도를 맞춘다.

08 그릇에 담아 마무리한다.

CHEF'S TIP

- 미역의 억센 줄기 부분은 이유식에 사용하지 않아요.
- 미역을 물에 불리면 잘게 갈아지지 않으므로 반드시 마른 미역을 사용하세요.
  마른 미역을 블렌더에 넣고 갈 때는 블렌더에도 물기가 없도록 하세요.

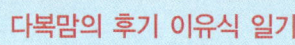

다복맘의 후기 이유식 일기

후기 이유식은 9개월부터 시작했어요.
이때부터는 진밥 위주로 이유식을 만들었습니다.
진밥을 만들어 고기, 채소를 넣고 볶거나
육수에 진밥을 넣고 졸이는 방식으로 아기에게 만들어 줬지요.
그리고 흰살생선과 달걀도 이유식에 종종 활용했습니다.
소고기와 버섯, 진밥 등을 넣고 모유물을 부어 리조토도 많이 만들어줬네요.
다양한 음식을 만들면서 '우리 다복이도 진짜 많이 컸구나' 하는 생각이 절로 들더라고요.

저희 다복이는 5개월부터 슬슬 이가 나기 시작하더니
7개월 때는 위아래 2개씩, 8개월 때는 위아래 4개씩 이가 났어요.
아기가 이로 오물오물 이유식을 씹는 모습이 어찌나 귀엽던지.
아마 그런 재미와 뿌듯함으로 이유식을 만드는 수고로움을 덜 수 있었던 것 같아요.

간식으로는 아기용 치즈를 주기 시작했어요.
핑거푸드도 자주 만들었는데
손으로 집어 먹으면서 음식에 대한 관심을 높이고 오감발달을 시키기 위해서였죠.
소고기 완자, 소고기감자 동그랑땡 등을 간식으로 많이 만들어 주었어요.
과일은 딸기, 귤 등을 다양하게 주기 시작했는데,
더 이상 과즙 망에 넣지 않고 적당한 크기로 잘라
아기가 직접 손으로 집어 먹을 수 있도록 하게 했어요.
물론 처음에는 많이 흘리고 놓쳤지만 점점 실수가 줄어들더라고요.

그리고 몸무게와 키가 또래보다 빨리 크면서 발달 상태가
상위 10% 안에 들 만큼 잘 자라주었답니다.

CHAPTER 04

완료기 이유식
12개월 이후

아장아장 스스로 걷는 아기를 보고 가슴 벅차는 시기, 완료기입니다. 돌 이후부터는 모유, 분유에서 생우유 섭취로 전환하는 시기로, 이유식이 주식이 된다고 볼 수 있어요. 어른이 먹는 밥과 비슷한 입자의 이유식을 먹을 수 있고 알레르기 위험 때문에 먹이지 못했던 재료 대부분을 소화할 수 있습니다. 아기가 편식하지 않도록 다양한 음식을 골고루 섭취할 수 있게 해주세요.

버섯 리조토 | 양파 수프 | 강원도의 맛
콩비지 리조토 | 시골된장 이유식
노르딕 이유식 | 김치 죽 | 맥앤치즈

Guest Chef
임기학 셰프 – 참가자미 볼

버섯 리조토

완료기 이유식
12개월 이후

• 제공량 총 4회 제공량 600g / 1회 150g • 냉장보관일 2~3일

멸치 육수에 버섯과 쌀을 넣어 만드는 버섯 리조토입니다.
버섯 중에서도 단백질 함량이 가장 높은 양송이버섯과
표고버섯을 듬뿍 넣어 만들었습니다.
완료기 이유식부터는 간을 살짝 해도 괜찮기 때문에
멸치와 다시마로 육수를 내 감칠맛을 살려주는 것도 좋아요.
버섯과 궁합이 좋은 치즈를 소량 갈아 넣어 풍미를 더해보세요.

INGREDIENTS
조리 재료

쌀 150g
건표고버섯 50g
양송이버섯 150g
멸치 20g
다시마 10g
우유 250ml
물 1.25ℓ
파르미지아노 레지아노 치즈
(파르메산 치즈) 소량

COOKING UTENSILS
조리 도구

칼
도마
냄비
볼
그레이터
* 치즈를 갈 때 사용하는 강판

"우유와 치즈 향이 밴 버섯 리조토"

조리 과정

01 쌀을 찬물 250ml에 30분 정도 불린다.

02 냄비에 물 1ℓ와 멸치, 다시마를 넣고 5분 동안 끓인다.

03 건표고버섯을 뜨거운 물에 불린다.

04 냄비에 ①의 물에 불린 쌀(물까지 포함)과 ②의 육수 500ml를 넣고 끓인다.

05 양송이버섯과 ③의 물에 불린 표고버섯은 꼭지를 떼고 송이 부분만 다진다.

06 ④의 쌀이 반 정도 익었을 때 ⑤의 손질한 양송이버섯과 표고버섯을 넣고 끓인다.

07 ⑥에 우유 250ml를 넣고 농도를 맞춘다.

08 그릇에 담은 후 그레이터로 파르미지아노레지아노 치즈(파르메산 치즈)를 갈아 마무리한다.

양파 수프

완료기 이유식 12개월 이후

• 제공량 총 4회 제공량 600g / 1회 150g • 냉장보관일 2~3일

프렌치 요리에 빠질 수 없는 양파 수프의 이유식 버전입니다.
철분이 부족해지기 쉬운 중기 이후에 아기에게 꼭 먹여야 하는
식재료인 소고기를 듬뿍 넣었습니다.
소고기와 궁합이 좋은 양파 역시 칼슘, 철분, 칼륨 함량이 높아
영양 밸런스가 우수한 이유식이라 할 수 있습니다.

INGREDIENTS
조리 재료

양파 400g
소고기 안심 90g
어린이용 치즈 1장
바게트빵 10g
올리브오일 1Ts
물 570ml

COOKING UTENSILS
조리 도구

칼
도마
냄비
찜기
가위

" 프렌치 양파 수프 이유식 버전 **"**

조리 과정

01 찜기에 소고기를 넣고 푹 익을 때까지 찐다.

02 양파는 겉껍질과 얇은 막, 속에 있는 굵은 심지를 도려낸 후 다진다.

03 ①의 찜기에 찐 소고기는 살짝 식힌 후 다진다.

04 바게트의 딱딱한 부분은 가위로 잘라내고 부드러운 부분만 다진다.
* 바게트 대신 식빵을 사용해도 좋다.

05 냄비에 올리브오일 1Ts(어른 밥숟가락 1½ 숟가락)을 두른 후 ②의 손질한 양파를 넣고 갈색빛이 돌 때까지 볶는다.
* 냄비에 열이 충분히 올라왔을 때 양파를 볶기 시작한다.
* 처음에는 강하게 볶다가 양파가 갈색빛을 띠면 중약불로 줄인다.

06 ⑤에 ③의 다진 소고기와 물 570ml를 넣고 15분 정도 끓인다.

07 그릇에 담은 후 ④의 다진 바게트와 어린이용 치즈를 올려 마무리한다.

CHEF'S TIP

- 냄비의 두께가 너무 얇으면 양파가 바닥에 눌어붙어 탈 수밖에 없으므로 두께가 두꺼운 냄비를 사용하세요.
- 양파를 살짝만 볶으면 단맛이 너무 강하기 때문에 진한 갈색빛을 띨 때까지 볶아주세요.
- 양파를 볶다가 냄비에 살짝 눌어붙으면 물을 소량 넣어주세요.
- 바쁜 워킹맘, 워킹대디를 위해 번거롭게 육수 만드는 과정은 제외했어요. 하지만 시간적 여유가 있다면 소고기, 월계수잎, 허브잎 등을 넣고 우린 소고기 육수를 물 대신 사용하면 더욱 진한 맛을 느낄 수 있습니다.

완료기 이유식
12개월 이후

강원도의 맛

• **제공량** 총 4회 제공량 600g / 1회 150g • **냉장보관일** 2~3일

강원도하면 떠오르는 대표적인 식재료인 감자와

배추, 된장, 소고기 등을 넣어 만든 토속적인 느낌의 이유식입니다.

이유식 완료기는 여러 가지 재료를 활용하고

약간의 간을 허용할 수 있는 시기이므로

멸치 육수와 된장을 소량 넣어 맛있는 이유식을 만들어보세요.

INGREDIENTS
조리 재료

감자 570g
소고기 안심 90g
배추 100g
멸치 10g
된장 1ts
물 1.2ℓ

COOKING UTENSILS
조리 도구

칼
도마
냄비
찜기

❝ 영양만점, 토속 이유식 ❞

4. 완료기 이유식 (12개월 이후)

조리
과정

01 찜기에 소고기를 넣고 푹 익을 때까지 찐다.

02 냄비에 물 1.2ℓ 와 멸치, 된장 1ts(어른 밥숟가락 ½ 숟가락)을 넣고 5분 동안 끓인다.
* 멸치는 건져낸다.

03 감자는 껍질을 깎은 후 1cm 두께로 썬다.

04 배춧잎의 단단한 줄기 부분을 잘라내고 부드러운 잎 부분만 채 썰어 다진다.

05 키친타올로 ①의 찜기에 찐 소고기의 물기를 제거한 후 다진다.

06 냄비에 ②의 육수 800ml와 ③, ④의 손질한 감자, 배추를 넣고 끓인다.

07 감자는 나무 숟가락으로 조금씩 으깨면서 끓이고 감자가 익으면 ⑤의 다진 소고기를 넣고 끓인다.

08 그릇에 담아 마무리한다.

CHEF'S TIP

- 이유식을 만들 때는 많은 양의 재료가 필요하지 않기 때문에 커다란 크기의 통배추보다는 작은 크기의 알배추를 구매하는 것이 좋습니다.

완료기 이유식
12개월 이후

콩비지 리조토

• **제공량** 총 2회 제공량 300g / 1회 150g • **냉동보관일** 2일

이탈리아 밀라노 스타일을 재해석한 리조토 이유식입니다.
리조토는 이탈리아 북부 지역인 밀라노에서 시작된 음식으로
부드럽고 고소한 맛이 일품이죠.
이번에는 특별히 콩비지를 넣어 만든 리조토를 만들어봤습니다.
고소한 콩비지와 진밥, 배추, 우유 등을 넣어 영양만점이랍니다.
콩비지로 만든 이유식은 금방 상할 수 있으므로 냉동 보관하세요.

INGREDIENTS
조리 재료

쌀 70g
콩비지 100g
배추 50g
우유 30ml
멸치 5g
다시마 5g
물 380ml

COOKING UTENSILS
조리 도구

칼
도마
냄비
전기압력밥솥
볼
체

❝ 고소한 콩비지 리조토 ❞

조리 과정

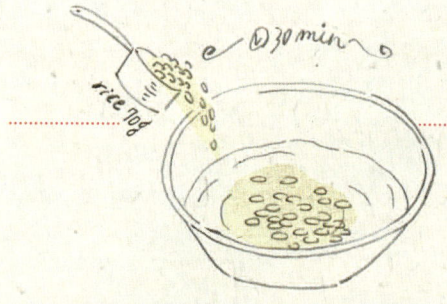
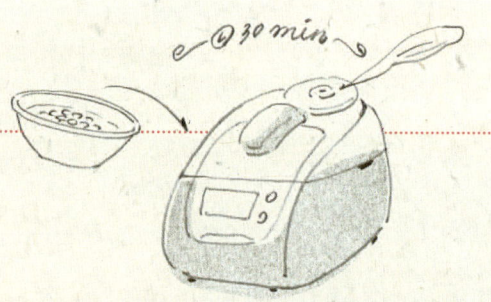

01 쌀을 찬물 120ml에 30분 정도 불린다.

02 전기압력밥솥에 ①의 물에 불린 쌀(물까지 포함)을 넣고 30분 동안 취사해 진밥을 만든다.
* 쌀과 물의 비율은 1:1.7 정도로 맞춘다.

03 냄비에 물 260ml와 멸치, 다시마를 넣고 5분 동안 끓인다.

04 ③의 멸치와 다시마를 체로 건진다.

05 배춧잎의 단단한 줄기 부분을 잘라내고 부드러운 잎 부분만 채 썰어 다진다.

06 ④의 육수를 담은 냄비에 콩비지와 ⑤의 손질한 배추를 넣고 푹 익을 때까지 끓인다.

07 ⑥에 ②의 진밥 130g과 우유 30ml를 넣고 끓인다.

08 그릇에 담아 마무리한다.

CHEF'S TIP

• 콩비지는 수분이 많아 쉽게 상할 수 있으므로 가급적 이유식에 사용할 양만 조금씩 구매하는 것이 좋아요. 콩비지를 넣어 만든 이유식은 반드시 냉동 보관해주세요.

시골된장 이유식

완료기 이유식 · 12개월 이후

• 제공량 총 4회 제공량 600g / 1회 150g • 냉장보관일 2~3일

구수한 된장과 표고버섯을 넣어 만드는 이유식입니다.

돌 이후부터는 어느 정도 간이 된 이유식을 만들어 먹일 수 있어요.

철분이 풍부한 소고기 안심과 단백질, 비타민을 함유하고 있는

표고버섯 등을 넣어 든든한 이유식을 만들었습니다.

INGREDIENTS
조리 재료

쌀 140g
소고기 안심 80g
건표고버섯 15g
애호박 60g
된장 1ts
멸치 5g
다시마 5g
물 750ml

COOKING UTENSILS
조리 도구

칼
도마
냄비
전기압력밥솥
볼
체

" 구수한 된장버섯 이유식 "

조리과정

01 쌀을 찬물 230ml에 30분 정도 불린다.

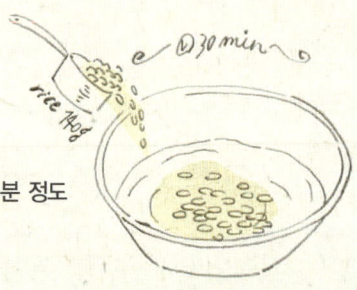

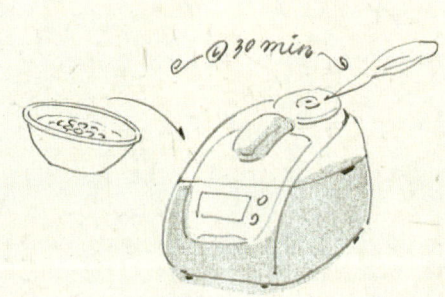

02 전기압력밥솥에 ①의 물에 불린 쌀(물까지 포함)을 넣고 30분 동안 취사해 진밥을 만든다.
    * 쌀과 물의 비율은 1:1.7 정도로 맞춘다.

03 냄비에 물 520ml와 멸치, 다시마를 넣고 5분 동안 끓인다.

04 ③의 멸치와 다시마를 체로 건진다.

05 건표고버섯을 뜨거운 물에 불린다.

06 소고기는 끓는 물에 푹 익을 때까지 삶은 후 다진다.
* 표고버섯과 소고기는 다지기 전에 키친타올로 물기를 제거한다.

07 ⑤의 물에 불린 표고버섯은 꼭지를 떼고 송이 부분만 다지고, 애호박은 채 썰어 다진다.

08 냄비에 ④의 소고기 육수 430ml, 된장 1ts(어른 밥숟가락 ½ 숟가락), ⑥과 ⑦의 손질한 소고기와 표고버섯, 애호박을 넣고 푹 익을 때까지 끓인다.

09 ⑧에 ②의 진밥 270g을 넣고 끓인다.

10 그릇에 담아 마무리한다.

완료기 이유식
12개월 이후

노르딕 이유식

• 제공량 총 4회 제공량 600g / 1회 150g • 냉장보관일 2일

세계 최대의 연어 수출국인 노르웨이산 연어를 활용한 이유식입니다.
연어에는 칼슘 흡수를 돕는 비타민D와 오메가3 지방산이 풍부해요.
다만 연어에 부족한 비타민C를 보충하기 위해
시금치, 당근, 쑥과 같은 녹황색 채소를 함께 사용했습니다.
연어와 시금치의 조합은 셰프들 사이에서도
훌륭한 조합으로 여겨지고 있어요.

INGREDIENTS
조리 재료

연어 90g
감자 620g
시금치 60g
우유 90ml
올리브오일 2ts
다시마 2장

COOKING UTENSILS
조리 도구

칼
도마
냄비
찜기
볼
체
포크

❝ 감자 퓌레에 연어를 올린 맛있는 이유식 ❞

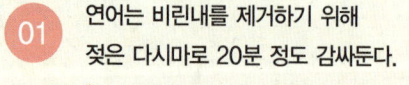

01 연어는 비린내를 제거하기 위해 젖은 다시마로 20분 정도 감싸둔다.
*연어에 껍질이 있다면 칼로 껍질을 벗긴다.

02 감자는 껍질을 깎은 후 1cm 두께로 썬다.

03 ②의 손질한 감자를 찬물에 10분 정도 담가 전분을 제거한다.

04 냄비에 ③의 전분을 제거한 감자와 물을 넣고 푹 익을 때까지 끓인다.

05 찜기에 ①의 연어(다시마 제외)를 넣고 찐다.

06 시금치는 싱싱한 이파리만 뜯어 끓는 물에 10초 정도 데친다.

07 찬물에 ⑥의 데친 시금치를 넣고 살짝 식힌 후 물기를 짜서 다진다.

08 볼에 ⑤의 찜기에 찐 연어와 올리브오일 1ts(어른 밥숟가락 ½ 숟가락)을 넣고 포크로 으깬다.

* 바로 먹일 1회 분량만 남기고 나머지는 냉동 보관했다가 그때그때 음식 위에 올린다.

09 냄비에 ④의 삶은 감자와 우유 90ml, ⑦의 다진 시금치, 올리브오일 1ts(어른 밥숟가락 ½ 숟가락)을 넣고 감자를 으깨면서 끓인다.

10 그릇에 담은 후 ⑧의 으깬 연어를 올려 마무리한다.

완료기 이유식
12개월 이후

김치 죽

• 제공량 총 4회 제공량 600g / 1회 150g • 냉장보관일 2~3일

한국 음식에서 빠질 수 없는 김치를 활용한 이유식입니다.
김치에는 젓갈과 소금, 고춧가루 등이 많이 들어가기 때문에
이유식 시기에는 찬물에 양념을 완전히 헹군 후 사용하세요.
완료기부터는 약간의 간을 하는 것이 허용되는 시기이므로
멸치와 다시마를 연하게 우린 육수로 이유식에 감칠맛을 더해주세요.

INGREDIENTS
조리 재료

쌀 140g
물에 헹군 김치 90g
멸치 20g
다시마 10g
물 1.7ℓ

COOKING UTENSILS
조리 도구

칼
도마
냄비
볼
체

❝ 김치로 만드는 이유식 ❞

조리 과정

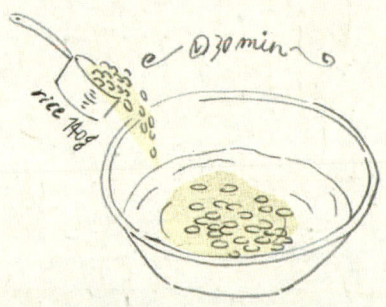

01 쌀을 찬물 200ml에 30분 정도 불린다.

02 냄비에 물 1.5ℓ와 멸치, 다시마를 넣고 5분 동안 끓인다.
* 멸치와 다시마는 건져낸다.

03 냄비에 ①의 물에 불린 쌀(물까지 포함)과 ②의 육수 950ml를 넣고 끓인다.

04 김치는 체에 밭쳐 찬물에 헹궈 매운 양념을 제거한다.

05 ④의 물에 헹군 김치를 다진다.

06 ③의 쌀이 반 정도 익으면 ⑤의 다진 김치를 넣고 끓인다.

07 그릇에 담아 마무리한다.

CHEF'S TIP

• 취향이나 월령에 따라 김치 죽에 소고기나 참치를 넣어 만들어보세요.

맥앤치즈

완료기 이유식 12개월 이후

- 제공량 총 4회 제공량 600g / 1회 150g • 냉장보관일 2~3일

마카로니에 버터, 치즈를 넣어 만드는 맥앤치즈의 이유식 버전입니다.
맥앤치즈는 미국에서 어린이들이 즐겨 먹는 간식으로
원래는 버터와 체다치즈를 듬뿍 넣어 만드는 것이 정석이지만
이유식에 맞게 레시피를 변형했습니다.
어린이용 치즈와 우유로 만든 치즈 소스와 마카로니에
철분, 단백질이 풍부한 소고기를 넣어 영양도 고려했습니다.

INGREDIENTS
조리 재료

마카로니 180g
소고기 안심 220g
우유 150ml
어린이용 치즈 4장
파르미지아노 레지아노 치즈
(파르메산 치즈) 소량

COOKING UTENSILS
조리 도구

칼
도마
냄비
찜기
그레이터

* 치즈를 갈 때 사용하는 강판

164　이유석의 이유식

❝ 아기들이 좋아하는 간식, 맥앤치즈 ❞

조리
과정

01 냄비에 마카로니와 물을 넣고 푹 익을 때까지 삶는다.

02 소고기는 1cm 두께로 썬다.

03 찜기에 ②의 손질한 소고기를 넣고 푹 익을 때까지 찐다.

04 키친타올로 ③의 찜기에 찐 소고기의 물기를 제거한 후 다진다.

05 냄비에 ④의 다진 소고기와 우유 150ml를 넣고 끓인다.

06 ⑤에 ①의 삶은 마카로니와 어린이용 치즈 4장을 넣고 끓인다.

07 그레이터로 파르미지아노 레지아노 치즈(파르메산 치즈)를 갈아 넣는다.

08 그릇에 담은 후 그레이터로 파르미지아노 레지아노 치즈(파르메산 치즈)를 갈아 마무리한다.

4. 완료기 이유식 (12개월 이후)

완료기 이유식
12개월 이후

참가자미 볼

• 제공량 총 4회 제공량 600g / 1회 150g • 냉장보관일 2일

Guest Chef

프렌치 비스트로 〈레스쁘아뒤이부〉와 샤퀴테리 전문점 〈꺄브뒤꼬숑〉의 임기학 셰프가 만든 이유식을 소개합니다.
아스파라거스와 브로콜리의 향이 밴 밥 위에 부드러운 가자미와 채소를 넣어 반죽한 가자미 볼 튀김을 올린 화려한 이유식입니다. 노릇하게 튀긴 가자미 볼은 아스파라거스 밥과 같이 먹어도 좋고 식사 사이에 간단하게 간식으로 줘도 좋아요.

INGREDIENTS
조리 재료

쌀 300g
생가자미 550g
토마토 540g
브로콜리 30g
아스파라거스 70g
두부 300g
파프리카 100g
당근 70g
오렌지 200g(오렌지즙 60ml)
 – 오렌지 1개 분량
샬롯 40g
물 1.5ℓ
달걀 1개

올리브오일 1ts
식용유
빵가루
밀가루

COOKING UTENSILS
조리 도구

칼
도마
냄비
전기압력밥솥
찜통
팬
볼
무명천

168 이유석의 이유식

❝〈레스쁘아뒤이부〉 임기학 셰프의 이유식❞

4. 완료기 이유식 (12개월 이후)

조리 과정

01 쌀을 찬물에 30분 정도 불린다.

02 샬롯과 당근은 껍질을 벗긴 후 다지고 아스파라거스와 파프리카도 일정한 크기로 썬다.

03 냄비에 물 1ℓ 와 가자미 뼈, 머리와 4등분으로 자른 토마토, ②의 다진 샬롯 ½을 넣고 15분 정도 끓인다.

04 찜통에 물 500ml와 오렌지즙 60ml를 넣은 후 가자미를 찐다.

* 오렌지즙 짜는 법 – 216p 참고

05 브로콜리의 단단한 밑동은 칼로 도려내고 초록색 부분만 모아둔다.

06 전기압력밥솥에 ①(물 제외)과 ②의 다진 아스파라거스, ③의 육수 400ml, ⑤의 손질한 브로콜리를 넣고 30분 동안 취사해 밥을 만든다.

07 팬에 올리브오일 1ts(어른 밥숟가락 ½ 숟가락)을 두른 후 ②의 다진 당근과 파프리카, 샬롯 ½을 넣고 볶는다.

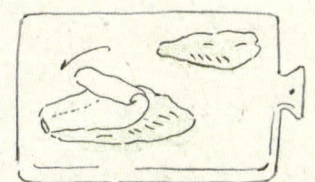

08 ④의 찐 가자미는 껍질을 벗겨 살만 발라낸다.

09 두부는 무명천에 싸서 물기를 짠다.

10 볼에 ⑦의 볶은 채소와 ⑧의 가자미 살, ⑨의 물기를 짠 두부를 넣고 손으로 으깬 후 동그랗게 쥐어 모양을 만든다.

* 가자미 볼은 바로 먹일 1회 분량(2~3개)만 튀기고 남은 반죽은 냉동 보관했다가 그때그때 튀겨낸다.

11 ⑩의 반죽은 밀가루 - 달걀물 - 빵가루 순서대로 튀김옷을 입힌다.

12 냄비에 식용유를 붓고 기름의 온도를 165℃ 정도에 맞춘 후 ⑪을 넣고 노릇해질 때까지 튀긴다.

13 그릇에 ⑥의 밥을 담은 후 ⑫의 가자미 볼을 올려 마무리한다.

부록 I

이유식의 모든 것

이유식이란?

이유식은 모유와 분유 외에 처음으로 아기가 맛보는 음식이에요.
돌 이전까지는 모유와 분유가 주식이고 이유식은 모유, 분유로 채울 수 없는 영양소를
보충해주는 보조적인 음식이라고 보시면 됩니다.
영양소를 골고루 섭취할 수 있도록 다양한 재료를 활용해 이유식을 만들어주세요.
어릴 때 먹는 음식이 평생의 식습관을 좌우하므로 이유식 시기에
건강한 식습관을 형성하는 것이 중요하답니다.

이유식 기본 원칙

1. 이유식은 생후 4~6개월에 시작하세요

아기의 발달에 따라 조금씩 차이는 있지만 대개 생후 4~6개월에 이유식을 시작합니다.
분유를 먹는 아기는 만 4개월에서 6개월 사이에,
아토피가 있거나 모유를 먹는 아기는 만 6개월부터 이유식을 시작하세요.

2. 아기 맞춤형 이유식

이유식을 만들 때 유념해야 할 것은 '내 아기만을 위한 맞춤 이유식'을 만든다는 생각을 하는 것입니다.
책에 나와 있는 것은 어디까지나 표준에 해당하는 것이므로
발달 사항에 따라 이유식의 입자와 식재료를 다르게 해서 '아기 맞춤형' 이유식을 만드세요.

3. 이유식은 주식이 아니에요

다양한 식재료로 만드는 이유식을 아기의 주식이라고 생각하기 쉽지만
돌 이전까지 아기의 주식은 모유, 분유라는 것을 잊지 마세요.
모유나 분유만으로 채울 수 없는 영양소를 이유식으로 보충하는 것이므로
돌 이전까지는 이유식과 함께 모유나 분유를 먹여야 합니다.

4. 숟가락 사용하기

우유병이나 빨대가 붙어있는 컵에 이유식을 담아 아기에게 먹이는 것은
이유식 시기 중 절대 하지 말아야 할 행동 중 하나에요.
입속으로 들어오는 숟가락을 밀어내는 거부 반응을 보인다면
본격적인 이유식 시작 1~2주 전부터 숟가락을 자연스레 가지고 놀 수 있게 하거나
모유나 분유를 숟가락으로 떠먹여 주세요.
숟가락과 친해지는 과정을 거치면 수월하게 이유식을 시작할 수 있답니다.

5.   **청결, 청결, 청결**

요리할 때 가장 중요한 사항이기도 한 청결! 특히 아기 이유식을 만들 때 더더욱 중요하겠죠?
이유식을 먹는 아기들은 면역력이 약하기 때문에 쉽게 탈이 날 수 있음을 명심하세요.

6.   **조리 도구 소독은 필수**

아기에게 먹일 재료가 직접 닿는 조리 도구는 자주 소독해 청결을 유지하도록 하세요.
또한 칼, 도마는 2개 이상 준비해 육류 손질용과 채소, 과일 손질용으로 나눠 사용하는 것이 좋습니다.

7.   **가능한 한 자리에서, 같은 시간에 규칙적으로!**

어릴 때 형성된 식습관이 평생의 식습관을 좌우한다는 것을 항상 유념하세요.
될 수 있으면 같은 시간에, 같은 자리에서 규칙적으로 이유식을 먹게끔 하는 것이 좋아요.

8.   **냉장고를 너무 믿지 마세요**

2~3일 이내로 먹일 이유식은 냉장 보관을, 4일 이상 보관하는 경우는 안전하게 냉동 보관합니다.
아기에게 먹이기 전에 직접 맛을 봐 이상이 없는지 확인 후 먹이도록 하세요.

9.   **한 번 해동한 재료는 다시 냉동실로 보관하지 마세요**

냉동실에서 꺼낸 재료를 해동한 후에는 그날 바로 조리하는 것이 좋아요.
다시 냉동실에 보관할 경우 미생물 감염 위험이 크기 때문에 절대 재냉동하지 않습니다.
한 번 이유식을 만들 때 사용할 만큼의 재료를 나누어 보관해 그때그때 해동해서 사용하면 좋겠죠?

이유식 조리 원칙

1. 적당한 양 만들기

그때그때 먹을 만큼만 이유식을 만들면 제일 좋겠지만 워킹맘, 워킹대디에겐 꿈만 같은 이야기죠.
이유식을 한 번 만들 때 3~4회 분량을 만드는 것이 좋아요.
냉장, 냉동 보관 기간에도 한계가 있으므로 지나치게 많은 양을 만들지 않도록 합니다.

2. 적절한 식재료 사용하기

이유식을 먹는 아기는 소화할 수 있는 재료가 한정적이기 때문에
시기별로 소화할 수 있는 재료를 사용해서 이유식을 만드는 것이 중요해요.
월령별 이유식 재료표(184p 참고)를 보며 이유식을 만들어보세요.

3. 간 하지 않기

이유식에는 간을 하지 않는 것이 원칙입니다.
나트륨을 섭취한 후 그것을 처리하기 위한 신체 능력이 발달하지 않았을 뿐더러
자극적이고 짠맛에 한번 익숙해지면 간을 하지 않은 음식은 잘 먹으려 하지 않으니까요.
돌 이전에는 어떠한 간도 하지 않는다는 것을 잊지 마세요!

4. 이유식 초기 - 한 번에 한 가지 재료만 추가하세요

이유식을 시작하는 첫 한 달간은 여러 재료를 섞어 이유식을 만들지 않고
한 번에 한 가지 재료만으로 이유식을 만드는 것이 좋아요.
여러 가지 재료가 섞인 이유식을 먹고 아기가 알레르기 반응을 보일 때
정확히 어떤 식재료에 알레르기 반응을 보이는지 알 수 없기 때문이죠.
새로운 재료는 4일 간격으로 첨가하고 알레르기 반응이나 이상 반응을 보이는지 체크하세요.
별 탈이 없으면 알레르기 반응을 보이지 않는 재료를 조합해 이유식을 만들면 됩니다.

월령별 이유식 특징

1. 초기 이유식 (4~6개월)

아기가 이유식을 잘 먹지 않아 고민인 엄마, 아빠들이 많을 텐데요.
이유식 초기는 아기가 이유식에 익숙해지는 시간이라고 생각하세요.
균형 잡힌 영양소의 음식을 먹인다는 생각보다는 천천히 이유식에 적응할 수 있게끔 해주세요.
이유식을 시작할 때는 덩어리가 없는 미음 위주의 이유식을 준비합니다.
모든 재료는 아기가 소화하기 쉽도록 푹 익혀야 하며 체에 곱게 갈아 덩어리가 없어야 해요.
첫 이유식으로는 아토피나 알레르기 위험이 거의 없는 쌀미음이 가장 좋으며
초기에 사용할 수 있는 재료를 한 번에 한 가지씩 추가해 이유식 종류를 점차 늘려가세요.

- 목과 어깨, 다리에 힘이 생기기 시작한다.
- 목을 가눈다.
- 뒤집기를 한다.
- 입으로 물건을 물고 빨기 시작한다.

2. 중기 이유식 (7~9개월)

치아가 나기 시작하는 시기이므로 미음 위주의 이유식에서 입자가 있는 이유식으로
서서히 바꿔 나가세요. 치아로 음식을 씹는 연습을 본격적으로 하기 때문에
체에 곱게 내리는 과정은 생략하는 것이 좋습니다.

- 기어 다니기 시작한다.
- 아래쪽 앞니부터 유치가 나기 시작한다.
- 두 손으로 물건을 잡는다.
- 낯을 가리기 시작한다.

3. 후기 이유식 (10~12개월)

치아가 5~6개 정도 나는 시기로, 어른들이 먹는 진밥에 가까운 이유식도 거뜬히 먹을 수 있게 됩니다. 이유식 초기, 중기와 달리 후기부터는 소화할 수 있는 재료의 제한이 거의 사라지므로 영양 균형을 고려해 다양한 음식을 섭취할 수 있게 해주세요.

- 자유롭게 기어 다닌다.
- 혼자 일어나 앉을 수 있다.
- 손을 잡아주면 걸음마를 한다.
- 간단한 말의 뜻을 이해하고 따라 한다.

4. 완료기 이유식 (12개월 이후)

이유식 완료기는 모유, 분유에서 생우유 섭취로 전환하는 시기로, 이유식이 주식이 됩니다. 어른이 먹는 밥과 비슷한 입자의 이유식을 먹을 수 있으며 알레르기 위험 때문에 그동안 먹이지 못했던 재료 대부분을 소화할 수 있어요. 아기가 편식하지 않도록 다양한 음식을 골고루 먹는 습관을 기를 수 있도록 해주세요.

- 걸음마를 한다.
- 간단한 단어로 의사를 표현한다.
- 섬세한 근육이 발달해 엄지와 검지손가락으로 작은 물건을 집을 수 있다.
- 호기심이 왕성해진다.

이유식 횟수와 적당량

월령이 올라가면서 이유식의 양과 횟수는 점차 늘리고 모유, 분유 섭취의 양과 횟수는 줄여나갑니다. 이유식 중기에서 후기로 넘어가면서부터는 수유와 이유식 사이에 간식을 먹여보세요.

초기 4~6개월

종류	횟수	1회 제공량
이유식	1일 1회	30~80g
수유	1일 4~5회	200ml

중기 7~9개월

종류	횟수	1회 제공량
이유식	1일 2회	100~120g
수유	1일 4회	200~250ml

후기 10~12개월

종류	횟수	1회 제공량
이유식	1일 3회	120~150g
수유	1일 3~4회	200~250ml
간식	1일 1~2회	

완료기 12개월 이후

종류	횟수	1회 제공량
이유식	1일 3회	150~180g
수유	1일 2~3회	200~250ml
간식	1일 2회	

이유식 식단표

이유식 초기, 중기에는 이유식을 먹인 후 연달아 수유하는 것이 좋아요. 그래야 수유 텀을 유지할 수 있고 한번에 먹는 양이 쑥쑥 늘어나거든요.

*간식은 시간과 관계없이 아기가 배고파할 때 먹이세요. 보통 오전 1번, 오후 1번 수유 사이 시간에 먹이는 것을 추천합니다.

이유식 초기 (4~6개월)

수유	이유식+수유	수유	수유	수유
오전 6시	10시	오후 2시	6시	10시

이유식 중기 (7~9개월)

수유	이유식+수유	수유	이유식+수유	수유
오전 6시	10시	오후 2시	6시	10시

이유식 후기 (10~12개월)

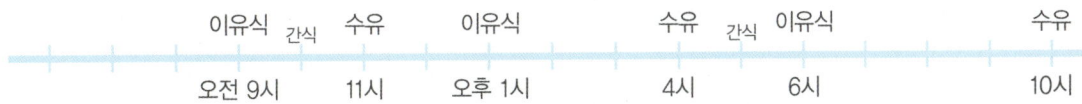

이유식	간식	수유	이유식	수유	간식	이유식	수유
오전 9시	11시		오후 1시	4시		6시	10시

이유식 완료기 (12개월 이후)

이유식	간식	수유	이유식	수유	간식	이유식
오전 9시	11시		오후 1시	4시		6시

조심, 또 조심 – 이유식 알레르기

이유식 알레르기란?

아기들은 면역 체계가 완전하게 형성되어 있지 않기 때문에 새로운 식재료에
과민 반응을 보이는 알레르기 현상이 흔하게 나타납니다.
특정 음식에 대한 알레르기라기보다는 음식을 이물질로 오인한 과민성 반응에 가까우므로
성인까지 지속되는 음식 알레르기라고 걱정할 필요는 없지만, 세심한 주의가 필요해요.

아기가 보내는 알레르기 신호

- 피부가 빨갛게 부어오르거나 두드러기가 난다
- 이유식을 먹은 후 토를 한다
- 피가 섞인 설사를 한다
- 묽은 변을 하루 8회 이상 본다
- 숨 쉴 때마다 크게 쌕쌕거리거나 기침을 자주 한다

음식 알레르기는 보통 면역력이 채 형성되기 전인 돌 이전의 아기에게 많이 나타납니다.
돌 이후에는 아기에게 먹일 수 있는 음식의 제한이 거의 사라지지만
돌 이전에 알레르기를 유발할 수 있는 재료를 사용할 때는 각별한 주의가 필요하죠.

여러 가지 재료로 이유식을 만들었을 때 아기가 알레르기 반응을 보인다면
정확히 어떤 재료 때문에 알레르기 반응을 보이는지 파악할 수 없으므로
한 번에 한 가지 재료만을 사용해 이유식을 만드는 것이 좋아요.
이유식을 먹이기 전에 아기 입술에 이유식을 묻혀 알레르기 반응이 나타나는지 살펴본 후
괜찮으면 이유식을 먹이도록 하세요. 이유식을 먹고 며칠 지난 후에 알레르기 반응을
보일 수도 있기 때문에 한 가지 이유식을 3~4일 정도 먹여보고 괜찮다 싶으면
그 재료와 다른 재료를 조금씩 섞어서 이유식을 만드는 것이 좋습니다.

알레르기 반응을 보일 때는 즉시 음식 섭취를 중단하고 심한 증세를 보이면 병원을 찾아가세요.
또한 알레르기 반응을 보였던 재료라도 면역력이 생기면서 나중에 알레르기 반응을
보이지 않는 경우가 많으니 주기적으로 체크해서 아기가 먹을 수 있게끔 해주세요.

월령별 이유식 재료

초기 이유식 (4~6개월)

이유식 초기에는 쌀미음에 조금씩 재료를 추가하는 방식으로 이유식을 만듭니다. 감자, 고구마를 비롯한 채소와 곡류, 과일을 활용해 이유식을 만들어보세요.

곡류	쌀, 찹쌀
채소	감자, 고구마, 브로콜리, 콜리플라워, 청경채, 양배추, 양상추, 애호박, 당근, 단호박
과일	사과, 배, 바나나

* 당근은 빈혈을 일으킬 수도 있기 때문에 5개월 이후부터 먹이는 것이 좋아요.

중기 이유식 (7~9개월)

철분을 보충해주어야 하는 이유식 중기부터는 소고기를 비롯해 닭고기, 흰살생선 등의 육류와 생선 종류를 먹일 수 있습니다. 또한 참외, 토마토 등을 넣은 이유식도 만들 수 있습니다.

곡류	흑미, 현미, 오트밀, 보리
채소	버섯(양송이, 표고, 팽이, 새송이), 양파, 배추, 시금치, 무, 쑥, 대파
육류	소고기, 닭고기
어패류	흰살생선(대구, 광어, 가자미), 연어
과일	참외, 멜론, 포도, 귤, 토마토
기타	두부, 완두콩, 달걀 노른자, 미역, 치즈, 플레인요구르트, 식빵

* 치즈는 나트륨과 첨가물 함량이 낮은 어린이용 치즈를 사용하세요.

* 토마토 씨는 알레르기 반응을 일으킬 수 있으므로 반드시 씨를 제거하고 사용하세요.

후기 이유식 (10~12개월)

이유식 후기에는 사용할 수 있는 재료의 폭이 넓어지는 시기입니다. 그동안 사용하지 못했던 가지, 파프리카와 같은 채소를 사용해도 되는 시기로, 딸기, 망고 등의 과일을 다양하게 사용할 수 있습니다.

채소	피망, 파프리카, 숙주, 콩나물, 가지
과일	딸기, 키위, 망고, 오렌지
기타	달걀 흰자

* 달걀은 알레르기를 유발하기 쉬운 식재료입니다. 완전히 익힌 달걀 노른자를 중기부터 먹이기 시작하고 달걀 흰자는 후기부터 먹이도록 하세요.

* 오렌지즙은 이유식 중기부터 이유식에 소량으로 넣어도 괜찮습니다.

완료기 이유식 (12개월 이후)

돌이 지난 완료기부터는 이유식에 간을 조금씩 해도 괜찮습니다. 하지만 지나치게 짠맛, 단맛을 내면 아기의 식습관에 좋지 않으니 주의하세요.

육류	돼지고기
어패류	등푸른생선(고등어, 삼치), 오징어
기타	생우유, 견과류

* 돼지고기는 기름기가 많아 15개월 이후부터 먹이는 것이 좋으나 살코기만을 사용한다면 12개월 이후부터도 괜찮습니다. 완전히 익혀 조리하는 것 잊지 마세요.

* 고등어는 생선 중 가장 알레르기 유발 위험성이 높아요. 아토피, 알레르기 증상이 있는 아기라면, 두 돌 이후부터 먹이는 것이 좋습니다. 자반 고등어는 특히 염분 함량이 높기 때문에 돌 이후라도 먹이지 않는 것을 권장합니다.

월령별 이유식 재료에 얽매이지 마세요!

이유식에 가장 중요하다고 할 수 있는 재료.
월령별로 아기가 소화할 수 있는 재료가 제한되어 있기 때문에
아무래도 신경을 바짝 세울 수밖에 없죠.

주변에 있는 초보 엄마, 아빠들을 보며 가장 안타까웠던 것은
월령별 이유식 재료에 지나치게 얽매여 이유식을 만들 때 스트레스를 받는다는 점이었어요.

하지만 너무 재료에 얽매일 필요는 없어요.
우리나라의 이유식 책에서는 밀가루로 만든 재료는 이유식에 사용하면 안 된다고 하지만,
일본의 이유식 책에는 식빵이나 우동 면을 중기 이유식 재료로 소개하고 있답니다.
또한 프랑스에서는 이유식을 만들 때 버터를 소량 넣기도 하고요.

저는 이유식을 만들 때 플레인요구르트나 우유를 섞어 아기가 맛있게 먹을 수 있게끔 한답니다.
완성된 이유식에 플레인요구르트를 살짝 얹어주거나
블렌더에 갈 때 우유를 살짝 넣어주면 고소한 맛이 가득해지죠.

그리고 이유식에 올리브오일을 소량 넣어 풍부한 맛을 내기도 합니다.
이유식에 올리브오일? 의아해하시는 분들도 많을 것 같은데요.
이탈리아에서는 의사들이 이유식에 올리브오일 사용을 적극 권장한다고 해요.
올리브오일을 적당량 넣으면 위장 활동을 원활하게 하기 때문이죠.

가장 중요한 것은 아기가 소화할 수 있는 재료를 테스트해본 후
그 재료들을 활용해 맛있는 이유식을 만드는 것이겠죠?

부록 II

재료별 레시피 & 도구 사용법

쌀

이유식을 시작하는 첫 한 달간은 소화흡수에 좋은 백미를 사용하는 것이 좋아요.
아기가 무난히 소화한다면 식이섬유가 풍부한 현미를 추가해보세요.

입자 크기

 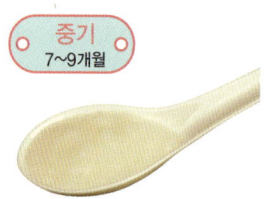 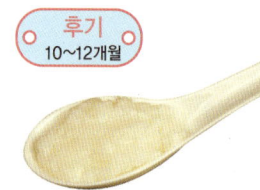 

- 쌀 1 : 물 10의 비율로 지은 10배 죽

- 쌀 1 : 물 7의 비율로 지은 7배 죽, 또는 쌀 1 : 물 5의 비율로 지은 5배 죽

- 쌀 1 : 물 5의 비율로 지은 5배 죽

- 쌀 1 : 물 2~3의 비율로 지은 밥, 소화를 잘하면 서서히 성인이 먹는 보통 밥에 가깝게 쌀과 물의 비율을 1:2 또는 1:1 정도로 맞춰주세요.

재료 손질법

쌀은 찬물에 깨끗이 씻은 후 30분 정도 불려주세요.

이유식 초기

블렌더에 불린 쌀과 물을 넣고 곱게 갈아주세요.

TIP

완성된 쌀미음은 조금씩 나누어 냉동 보관해보세요. 그때그때 조금씩 꺼내 다른 이유식을 만들 때 첨가하면 간편하게 쌀이 들어간 이유식을 만들 수 있습니다.

이유식 중기 이후

블렌더에 가는 과정은 생략해도 좋아요. 불린 쌀을 냄비에 넣고 끓이거나 진밥을 지은 후 다른 재료와 함께 끓여보세요.

간단 레시피

초기 4~6개월

다시 죽

재료: 쌀 50g, 다시 육수 340ml
총 4회 제공량: 240g
1회 제공량: 60g

1. 쌀을 찬물에 30분 정도 불린다.
2. 블렌더에 ①의 쌀과 다시 육수 80ml를 넣고 간다.
3. 냄비에 ②의 재료와 다시 육수 260ml를 넣고 끓인다.
4. 체에 곱게 내린다.
5. 그릇에 담아 마무리한다.

중기 7~9개월

단호박 죽

재료: 쌀 75g, 단호박 450g, 물 220ml
총 4회 제공량: 400g
1회 제공량: 100g

1. 쌀을 찬물에 30분 정도 불린다.
2. 단호박은 껍질과 씨를 제거한 후 적당한 크기로 썰어 찜기에 넣고 찐다.
3. 블렌더에 ①의 쌀과 물 120ml를 넣고 갈다가 ②의 찐 단호박을 넣고 간다.
4. 냄비에 ③의 재료와 물 100ml를 넣고 끓인다.
5. 그릇에 담아 마무리한다.

후기 10~12개월

브로콜리 리조토

재료: 쌀 90g, 브로콜리 240g, 연어(통조림) 45g, 물 600ml
총 4회 제공량: 480g
1회 제공량: 120g

1. 쌀을 찬물에 30분 정도 불린다.
2. 밑동을 잘라낸 브로콜리는 찜기에 넣고 찐 후 다진다.
3. 냄비에 ①의 쌀과 ②의 다진 브로콜리, 물 600ml를 넣고 끓인다.
4. 연어는 체에 밭쳐 기름을 뺀 후 끓는 물에 10초 정도 데친다.
5. ③을 그릇에 담은 후 ④의 연어를 올려 마무리한다.

감자 & 고구마

감자와 고구마는 만졌을 때 단단하고 묵직한 느낌이 나는 것을 고르는 것이 좋아요. 가능한 한 싹이 나지 않은 것으로 선택하세요.

입자 크기

- 으깨거나 블렌더에 갈아 씹는 덩어리가 없게끔 해주세요.
- 입자의 크기를 0.3cm 정도로 맞춰주세요.
- 입자의 크기를 0.5cm 정도로 맞춰주세요.
- 입자의 크기를 1cm 정도로 맞춰주세요.

재료 손질법

한쪽 손으로 감자를 움켜쥐고 나머지 한쪽 손으로 필러를 잡습니다.

감자와 고구마는 길이가 짧고 뭉툭하기 때문에 필러의 날을 일직선으로 움직여 껍질을 벗겨주세요.

감자의 싹이 있을 때는 싹을 도려내고 사용하세요. 칼 끝으로 감자의 싹 부분을 깊고 둥글게 파서 도려냅니다.

간단 레시피

고구마두유 이유식

초기 4~6개월

재료: 고구마 210g, 어린이용 두유 120ml
총 4회 제공량: 240g
1회 제공량: 60g

1. 고구마의 껍질을 벗겨 적당한 크기로 썬 후 찜기에 넣고 찐다.
2. 블렌더에 ①의 찐 고구마와 두유 120ml를 넣고 간다.
3. 냄비에 ②의 재료를 넣고 끓인다.
4. 그릇에 담아 마무리한다.

매시드 포테이토

중기 7~9개월

재료: 감자 380g, 브로콜리 30g, 우유 50ml, 무염 버터 15g
총 4회 제공량: 400g
1회 제공량: 100g

1. 감자는 껍질을 벗겨 적당한 크기로 썬 후 냄비에 넣고 끓인다.
2. 밑동을 잘라낸 브로콜리는 찜기에 넣고 찐 후 다진다.
3. 냄비에 ①의 삶은 감자와 무염 버터 15g을 넣고 감자를 으깨면서 끓인다.
4. ③에 ②의 다진 브로콜리를 넣고 살짝 끓인 후 그릇에 담아 마무리한다.

감자김치 이유식

후기 10~12개월

재료: 감자 300g, 양파 20g, 물에 헹군 김치 30g, 다시 육수 130ml
총 4회 제공량: 480g
1회 제공량: 120g

1. 감자는 껍질을 벗겨 적당한 크기로 썬 후 냄비에 넣고 끓인다.
2. 양파는 껍질을 벗겨 찜기에 넣고 찐 후 다진다.
3. 김치는 체에 밭쳐 찬물에 헹궈 매운 양념을 제거한 후 다진다.
4. 냄비에 ①의 삶은 감자와 ②, ③의 다진 양파, 김치, 다시 육수 130ml를 넣고 끓인다.
5. 그릇에 담아 마무리한다.

당근

당근은 색이 선명하고 표면이 매끄러운 것을 고르세요.
뿌리 쪽이 가늘고 뾰족할수록 좋은 당근이랍니다.

입자 크기

- 으깨거나 블렌더에 갈아 씹는 덩어리가 없게끔 해주세요.
- 입자의 크기를 0.3cm 크기로 맞춰주세요.
- 입자의 크기를 0.5cm 정도로 맞춰주세요.
- 입자의 크기를 1cm 정도로 맞춰주세요.

재료 손질법

당근은 찬물에 깨끗이 씻은 후 한쪽 손으로 필러를 잡고 겉껍질을 벗깁니다.

당근처럼 길이가 긴 채소는 필러를 잡고 사선 방향으로 껍질을 벗기는 것이 좋습니다. 필러의 가운데 날이 아닌 전체 날을 고루 사용할 수 있도록 하세요.

비슷한 속도로 익게 하기 위해 일정한 두께로 잘라주세요.

당근을 다질 때는 가느다란 크기로 채썬 후 원하는 크기로 다져주세요.

간단 레시피

초기 4~6개월

당근바나나 이유식

재료: 당근 70g, 바나나 60g, 물 50ml, 어린이용 치즈 ¼ 장
총 4회 제공량: 240g
1회 제공량: 60g

1. 당근은 껍질을 벗겨 적당한 크기로 썬 후 찜기에 넣고 찐다.
2. 블렌더에 ①의 찐 당근과 바나나, 물 20ml를 넣고 간다.
3. 냄비에 ②의 재료와 물 30ml, 어린이용 치즈 ¼ 장을 넣고 끓인다.
4. 그릇에 담아 마무리한다.

중기 7~9개월

당근치즈 이유식

재료: 당근 320g, 리코타 치즈 90g
총 4회 제공량: 400g
1회 제공량: 100g

1. 당근은 껍질을 벗겨 적당한 크기로 썬 후 찜기에 넣고 찐다.
2. 볼에 ①의 찐 당근을 넣고 포크로 으깬다.
3. ②의 으깬 당근에 리코타 치즈 80g을 넣고 섞는다.
4. 그릇에 담은 후 리코타 치즈 10g을 얹어 마무리한다.

후기 10~12개월

당근바나나 샐러드

재료: 당근 620g, 바나나 240g, 플레인요구르트 260g
총 4회 제공량: 480g
1회 제공량: 120g

1. 당근은 껍질을 벗겨 얇게 채 썬 후 찜기에 넣고 찐다.
2. 바나나는 껍질을 벗긴 후 다진다.
3. 볼에 ①의 찐 당근과 ②의 다진 바나나, 플레인요구르트 260g을 넣고 섞는다.
4. 그릇에 담아 마무리한다.

브로콜리 & 콜리플라워

브로콜리와 콜리플라워는 볼록한 봉오리 부분이 단단히 닫혀 있고
수북한 것을 고르는 것이 좋아요. 색이 진하고 선명한 것을 선택하세요.

입자 크기

- 으깨거나 블렌더에 갈아 씹는 덩어리가 없게끔 해주세요.
- 입자의 크기를 0.3cm 크기로 맞춰주세요.
- 입자의 크기를 0.5cm 정도로 맞춰주세요.
- 입자의 크기를 1cm 정도로 맞춰주세요.

재료 손질법

단단한 기둥 부분은 칼로 잘라내세요.

한 덩어리로 뭉쳐있는 브로콜리는 칼 끝으로 각각의 송이로 분리하세요.

TIP

손질하고 남은 단단한 기둥, 밑동은 어른들이 생으로 먹어도 맛있어요. 다른 채소들과 함께 볶으면 훌륭한 밑반찬이 된답니다.

단단한 밑동 부분은 잘라내고 부드럽고 연한 부분만 조리에 사용합니다.

간단 레시피

중기
7~9개월

브로콜리바나나 죽

재료: 브로콜리 230g, 바나나 210g, 물 150ml
총 4회 제공량: 400g
1회 제공량: 100g

1. 밑동을 잘라낸 브로콜리는 찜기에 넣고 찐다.
2. 블렌더에 ①의 찐 브로콜리와 바나나, 물 110ml를 넣고 간다.
3. 냄비에 ②의 재료와 물 40ml를 넣고 끓인다.
4. 그릇에 담아 마무리한다.

후기
10~12개월

브로콜리두부 전

재료: 브로콜리 140g, 두부 600g, 달걀 2개, 튀김가루 4ts, 참기름 2ts
총 4회 제공량: 480g
1회 제공량: 120g

1. 밑동을 잘라낸 브로콜리는 찜기에 넣고 찐 후 다진다.
2. 달걀은 노른자와 흰자를 분리한다.
    * 조리에는 달걀 흰자만 사용한다.
3. 볼에 ①의 다진 브로콜리와 ②의 달걀 흰자, 두부를 넣고 포크로 으깬다.
4. 참기름 2ts을 두른 팬에 튀김가루를 입힌 ③을 부친다.
5. 그릇에 담아 마무리한다.

후기
10~12개월

브로콜리 샐러드

재료: 브로콜리 350g, 딸기 100g, 플레인요구르트 300g, 매실청 3ts
총 4회 제공량: 600g
1회 제공량: 150g

1. 밑동을 잘라낸 브로콜리는 찜기에 넣고 찐 후 다진다.
2. 딸기는 꼭지를 뗀 후 다진다.
3. 볼에 ①, ②의 다진 브로콜리와 딸기, 플레인요구르트, 매실청 3ts을 넣고 섞는다.
4. 그릇에 담아 마무리한다.

토마토

익지 않은 초록 빛깔의 토마토는 산미가 강하기 때문에 완전히 익은 빨간색 토마토를 고르세요.
토마토 씨는 알레르기 반응을 일으킬 수 있으므로 제거한 후 사용합니다.

입자 크기

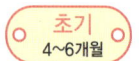

- 이유식 중기부터 먹이세요.
- 부드럽게 으깨어 먹이세요.
- 입자의 크기를 0.5cm 크기로 맞춰주세요.
- 입자의 크기를 1cm 크기로 맞춰주세요.

재료 손질법

토마토 꼭지를 뗀 후 십자 모양으로 칼집을 내주세요.

껍질을 쉽게 벗기기 위해 끓는 물에 10초 정도 데쳐주세요.

데친 토마토를 찬물에 담가 식힌 후 껍질을 벗겨주세요.

토마토 속에 있는 씨는 제거하고 나머지 과육 부분만 조리에 사용하세요.

간단 레시피

중기
7~9개월

스페인식 토마토 수프

재료: 쌀 100g, 토마토 400g, 파프리카 30g, 물 600ml
총 4회 제공량: 400g
1회 제공량: 100g

1. 쌀을 찬물에 30분 정도 불린다.
2. 토마토는 데쳐서 껍질을 벗겨 다지고 파프리카는 꼭지와 씨를 도려낸 후 다진다.
3. 블렌더에 ①의 쌀과 물 100ml를 넣고 간다.
4. 냄비에 ②의 손질한 토마토와 파프리카, ③의 재료, 물 500ml를 넣고 끓인다.
5. 그릇에 담아 마무리한다.

후기
10~12개월

토마토참치 죽

재료: 쌀 80g, 토마토 320g, 참치 25g, 물 480ml
총 4회 제공량: 480g
1회 제공량: 120g

1. 쌀을 찬물에 30분 정도 불린다.
2. 토마토는 데쳐서 껍질을 벗긴 후 씨를 제거하고 다진다.
3. 참치는 체에 밭쳐 기름을 뺀 후 끓는 물에 10초 정도 데친다.
4. 냄비에 ①의 쌀과 ②, ③의 손질한 토마토, 참치, 물 480ml를 넣고 끓인다.
5. 그릇에 담아 마무리한다.

완료기
12개월 이후

베이비 라타투이

재료: 토마토 750g, 가지 340g, 파프리카 150g, 물 750ml, 올리브오일 3ts
총 4회 제공량: 600g
1회 제공량: 150g

1. 토마토는 데쳐서 껍질을 벗긴 후 씨를 제거하고 다진다.
2. 파프리카와 껍질을 벗긴 가지를 다진다.
3. 냄비에 올리브오일 3ts을 두른 후 ②의 손질한 파프리카, 가지를 볶는다.
4. ③에 ①의 다진 토마토와 물 750ml를 넣고 끓인다.
5. 그릇에 담아 마무리한다.

식빵

식빵은 이유식 후기부터 아기에게 조금씩 먹이는 것이 좋아요.
식빵 겉봉지에 적혀 있는 성분을 확인해 가능한 한 첨가물이 적은 제품을 고르세요.

입자 크기

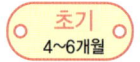

- 이유식 후기부터 먹이세요.

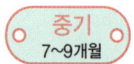

- 이유식 후기부터 먹이세요.

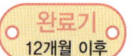

- 입자의 크기를 0.5cm 크기로 맞춰주세요.

- 손으로 잡고 먹을 수 있을 정도의 크기로 맞춰주세요.

재료 손질법

식빵은 딱딱한 테두리 부분은 잘라내고 부드러운 부분만 조리에 사용하세요.

아기가 먹기 쉽게 빵을 4등분으로 자르세요.

아기에게 식빵을 처음 먹일 때는 식빵을 우유 또는 두유에 적셔 부드럽게 소화할 수 있도록 하세요.

우유나 두유에 적신 식빵을 포크와 숟가락을 이용해 으깬 후 먹이면 좋습니다.

간단 레시피

후기
10~12개월

딸기바나나 브레드

재료: 식빵 80g, 딸기 160g, 바나나 150g, 플레인요구르트 270g
총 4회 제공량: 480g
1회 제공량: 120g

1. 식빵은 겉 테두리를 자른 후 부드러운 부분만 잘게 찢는다.
2. 딸기는 꼭지를 뗀 후 다진다.
3. 바나나는 껍질을 벗긴 후 다진다.
4. 볼에 ①의 식빵과 ②, ③의 다진 딸기, 바나나, 플레인요구르트를 넣고 섞는다.
5. 그릇에 담아 마무리한다.

완료기
12개월 이후

미니 샌드위치

재료: 식빵 50g, 달걀 2개, 시금치 20g
총 1회 제공량: 식빵 1개 분량

1. 달걀은 삶은 후 노른자만 따로 담아둔다.
2. 시금치는 데친 후 다진다.
3. 볼에 ①의 달걀 노른자와 ②의 다진 시금치를 넣고 포크로 으깬다.
4. 식빵은 겉 테두리를 잘라내고 부드러운 부분만 ¼ 크기로 자른다.
5. 팬에 ④의 손질한 식빵을 구운 후 식빵 사이에 ③의 재료를 넣어 마무리한다.

완료기
12개월 이후

미니 프렌치토스트

재료: 식빵 50g, 달걀 1개, 사과 60g, 우유 1ts, 시나몬가루 소량
총 1회 제공량: 식빵 1개 분량

1. 사과는 껍질과 씨를 제거하고 찜기에 넣고 찐 후 다진다.
2. 팬에 버터를 두른 후 ①의 다진 사과와 시나몬가루 소량을 넣고 살짝 볶는다.
3. 달걀 노른자에 우유 1ts을 넣고 섞는다.
4. 식빵은 겉 테두리를 잘라내고 부드러운 부분만 ¼ 크기로 자른다.
5. ④의 식빵을 ③에 적셔 팬에 구운 후 ②의 사과를 올려 마무리한다.

두부

두부는 모양이 반듯하고 표면이 매끄러운 것을 고르는 것이 좋아요.
요즘은 마트에서 팩에 담긴 두부를 쉽게 구매할 수 있으며 제조일자를 꼭 확인하세요.

입자 크기

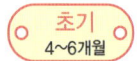

- 이유식 중기부터 먹이세요.

- 부드럽게 으깨어 먹이세요.

- 입자의 크기를 0.5cm 크기로 맞춰주세요.

- 입자의 크기를 1cm 크기로 맞춰주세요.

재료 손질법

시중에 판매하는 두부는 간수에 담겨 있기 때문에 흐르는 물에 깨끗이 씻어주세요.

두부 자체에는 수분이 많기 때문에 수분을 꼭 제거해주세요. 키친타올로 두부를 싸서 물기를 제거하세요.

TIP

이유식으로 두부찜을 만들 때는 전자레인지를 사용하면 간편해요. 오랜 시간 전자레인지에 넣고 돌리면 퍼석해지고 건조해지기 때문에 2~3분 정도가 적당해요.

간단 레시피

두부 죽

재료: 두부 500g, 다시 육수 230ml, 분유 가루 1Ts
총 4회 제공량: 400g
1회 제공량: 100g

1. 두부를 손으로 으깬 후 최대한 물기를 제거한다.
2. ①의 손질한 두부와 다시 육수 230ml, 분유 가루 1Ts을 넣고 끓인다.
3. 그릇에 담아 마무리한다.

두부감자 이유식

재료: 두부 230g, 감자 300g, 다시 육수 300ml, 어린이용 치즈 ½ 장
총 4회 제공량: 480g
1회 제공량: 120g

1. 감자는 껍질을 벗긴 후 다진다.
2. 볼에 두부를 넣고 포크로 으깬다.
3. 냄비에 ①의 다진 감자와 다시 육수 300ml를 넣고 끓인다.
4. 감자가 익으면 ②의 으깬 두부를 넣고 끓인다
5. 어린이용 치즈를 넣어 마무리한다.

두부토마토 조림

재료: 두부 450g, 토마토 600g, 브로콜리 45g, 다시 육수 300ml
총 4회 제공량: 600g
1회 제공량: 150g

1. 토마토는 데쳐서 껍질을 벗긴 후 씨를 제거하고 적당한 크기로 다진다.
2. 밑둥을 잘라낸 브로콜리는 데친 후 다진다.
3. 볼에 두부를 넣고 포크로 으깬다.
4. 냄비에 ①, ②의 다진 토마토, 브로콜리와 ③의 으깬 두부, 다시 육수 300ml를 넣고 끓인다.
5. 그릇에 담아 마무리한다.

달걀

달걀은 알레르기를 일으킬 수 있으므로 조심해야 합니다.
이유식 중기부터 삶은 달걀 노른자를 먹이고 후기부터는 흰자를 완전히 익혀 조금씩 먹이세요.

입자 크기

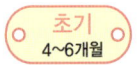

- 이유식 중기부터 먹이세요.

- 달걀 노른자를 으깨 먹이세요.

- 입자의 크기를 0.5cm 크기로 맞춰주세요.

- 입자의 크기를 1cm 크기로 맞춰주세요.

재료 손질법

달걀은 완숙으로 삶아서 먹기 좋은 크기로 으깨주세요. 이유식 중기에는 달걀 노른자만 으깨 먹이고 후기부터는 달걀과 흰자를 섞어 먹여도 좋습니다.

으깬 달걀 노른자는 이유식 위에 살짝 얹어 아기에게 먹이면 좋아요.

남은 식빵이나 밥이 있다면 달걀물에 적신 후 구워주세요.

달군 팬에 달걀물을 입힌 식빵이나 밥을 구워보세요. 아기가 좋아하는 이유식, 간식이 뚝딱 완성됩니다.

간단 레시피

후기 10~12개월

달걀두부 찜

재료: 달걀 2개, 두부 300g
총 4회 제공량: 480g
1회 제공량: 120g

1. 두부는 손으로 으깬 후 최대한 물기를 제거한다.
2. 볼에 ①의 손질한 두부와 날달걀을 풀어 넣은 후 섞는다.
3. 그릇에 ②의 재료를 담고 랩을 씌운 후 젓가락으로 구멍을 2~3개 뚫는다. 전자레인지에 2분 정도 돌린다.

완료기 12개월 이후

크림 리조토

재료: 진밥 370g, 달걀 4개, 우유 20ml, 다시 육수 180ml, 어린이용 치즈 2장
총 4회 제공량: 600g
1회 제공량: 150g

1. 볼에 어린이용 치즈와 우유 20ml, 날달걀을 넣은 후 거품기(휘퍼)로 섞는다.
2. 냄비에 진밥과 다시 육수 180ml을 넣고 끓인다.
3. ②에 ①의 재료를 넣고 약한 불에 끓인다.
4. 그릇에 담아 마무리한다.

완료기 12개월 이후

치즈달걀 전

재료: 진밥 85g, 달걀 1개, 파프리카 3g, 어린이용 치즈 ½ 장, 버터 소량
총 1회 제공량: 6개 분량

1. 볼에 어린이용 치즈와 날달걀을 풀어 넣은 후 휘퍼로 섞는다.
2. ①에 진밥을 넣고 섞는다.
3. 버터를 두른 팬에 ②의 재료를 한 숟가락씩 떠서 부친다.
4. 그릇에 담아 마무리한다.

참치 & 연어

통조림으로 이유식을 만든다 하면 꺼림직하다고 생각할 수 있지만 끓는 물에 데쳐 기름기와 첨가물을 제거해서 사용하면 괜찮아요.

입자 크기

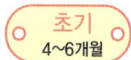
초기 4~6개월

- 이유식 후기부터 먹이세요.

중기 7~9개월

- 이유식 후기부터 먹이세요.

후기 10~12개월

- 입자의 크기를 0.5cm 크기로 맞춰주세요.

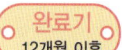
완료기 12개월 이후

- 입자의 크기를 1cm 크기로 맞춰주세요.

재료 손질법

통조림 참치와 연어는 체에 밭쳐 기름을 제거하세요.

끓는 물에 10초 동안 데쳐 기름을 깨끗이 제거한 후 사용합니다.

TIP

실제 일본 이유식 책에는 통조림 참치, 연어를 활용한 이유식 레시피가 많이 소개되어 있습니다. 기름을 깨끗이 제거하여 이유식에 활용해보세요.

간단 레시피

후기 10~12개월

참치채소밥

재료: 진밥 200g, 참치(통조림) 35g, 양파 70g, 파프리카 25g, 다시 육수 240ml, 올리브오일 2ts
총 4회 제공량: 480g
1회 제공량: 120g

1. 참치는 체에 밭쳐 기름을 뺀 후 끓는 물에 10초 정도 데친다.
2. 양파와 파프리카는 껍질을 벗긴 후 다진다.
3. 냄비에 올리브오일 2ts을 두른 후 ①과 ②의 손질한 재료를 넣고 볶는다.
4. ③에 진밥, 다시 육수 240ml를 넣고 끓인다.
5. 그릇에 담아 마무리한다.

완료기 12개월 이후

연어채소밥

재료: 진밥 220g, 연어(통조림) 80g, 다시 육수 270ml, 양파 80g, 브로콜리 40g, 당근 40g, 시금치 30g, 참기름 1ts
총 4회 제공량: 600g
1회 제공량: 150g

1. 연어는 체에 밭쳐 기름을 뺀 후 끓는 물에 10초 정도 데친다.
2. 밑동을 자른 브로콜리와 시금치, 껍질을 벗긴 양파와 당근은 다진다.
3. 냄비에 참기름 1ts을 두른 후 ②의 다진 재료를 넣고 볶는다.
4. ③에 ①의 데친 연어와 진밥, 다시 육수 270ml를 넣고 끓인다.
5. 그릇에 담아 마무리한다.

완료기 12개월 이후

연어 리에트

재료: 연어(통조림) 110g, 우유 120ml, 양파 30g, 레몬즙 1ts, 올리브오일 1ts, 식빵 4개
총 4회 제공량: 식빵 4개 분량
1회 제공량: 식빵 1개 분량

1. 연어는 체에 밭쳐 기름을 뺀 후 끓는 물에 10초 정도 데친다.
2. 양파는 껍질을 벗긴 후 다진다.
3. 냄비에 올리브오일 1ts을 두른 후 양파를 볶다가 ①의 데친 연어와 우유 120ml, 레몬즙 1ts을 넣고 끓인다.
4. 블렌더에 ③의 재료를 넣고 간다.
5. 겉 테두리를 자른 식빵을 팬에 구운 후 ④의 재료를 곁들여 먹는다.

이유식 기본 도구 - 계량 도구 & 보관 용기

요리에 익숙지 않은 초보 엄마, 아빠라면 계량 도구를 사용해 정확한 양을 계량하는 것이 좋습니다.
남은 이유식과 재료는 보관 용기에 담아 깔끔하게 보관하세요.

계량저울

컵이나 스푼으로 잴 수 없는 부피가 큰 재료는 계량저울을 이용해 정확하게 측정해주세요. 정확한 양을 재기 위해 전자저울을 사용하는 것이 좋겠죠?

계량스푼

계량컵으로 측정하기 어려운 적은 양을 계량할 때는 계량스푼을 사용하는 것이 좋아요.
보통 1Ts(1큰술, table spoon), 1ts(1작은술, tea spoon), ½ ts, ¼ ts를 잴 수 있는 스푼 4개를 1세트로 판매합니다.

계량컵

가루나 액체의 양을 잴 때 주로 쓰이는 계량 도구입니다. 스테인리스, 플라스틱 등 다양한 재질이 있는데 내용물이 다 보이는 투명한 계량컵이 사용하기 더 편리하답니다.

지퍼백

손질하고 남은 이유식 재료는 작은 크기의 지퍼백에 담아 보관하면 좋습니다.

내열 유리 용기

이유식은 한 번에 만들 때 3~4회 분량을 만들기 때문에 남은 이유식은 용기에 담아 냉장 또는 냉동 보관해야 합니다. 유리로 된 내열 용기는 보관하기에도 쉬울 뿐만 아니라 중탕하기에도 편리해요.

아이스 큐브

다진 채소나 삶은 감자, 고구마 등 손질하고 남은 재료는 아이스 큐브에 담아 냉동 보관하면 좋아요. 그때그때 필요할 때마다 소량으로 꺼내 사용할 수 있거든요. 요즘은 덮개가 있는 실리콘 재질의 아이스 큐브를 시중에서 쉽게 구매할 수 있습니다.

간단한 계량법

재료의 정확한 무게를 재서 이유식을 만드는 것이 가장 좋지만, 계량 도구가 집에 없다면 집에 있는 종이컵, 밥숟가락, 차숟가락으로도 간편하게 계량할 수 있습니다.

1. **계량컵**

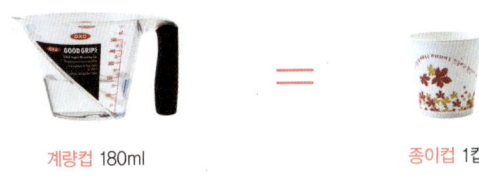

계량컵 180ml = 종이컵 1컵

2. **계량스푼 1Ts**

계량스푼 1Ts 15ml = 어른 밥숟가락 1 + ½ 숟가락

3. **계량스푼 1ts**

계량스푼 1ts 5ml = 어른 밥숟가락 ½ 숟가락 = 차숟가락 1숟가락

이유식 기본 도구 - 조리 도구

이유식을 만들 때 기본적으로 필요한 조리 도구입니다.
이유식 종류별로 필요한 도구는 조금씩 추가되지만 아래 도구만 있어도 문제 없이 이유식을 만들 수 있어요.

칼, 도마

집에서 요리할 때 사용하는 도마를 사용해도 무방하지만, 아기 이유식을 만들 때 쓰는 도마를 따로 구분해 사용하세요. 도마는 채소와 육류, 생선용 등 재료별로 구분하면 더욱 좋습니다. 칼은 용도에 따라 달리 사용할 큰 칼과 작은 칼을 모두 갖추고 있는 것이 좋아요.

블렌더

가정에서 사용하는 믹서기를 뜻해요. 큰 입자를 소화하지 못하는 초기, 중기에는 이유식 재료를 블렌더나 핸드 블렌더로 갈아 사용합니다.

핸드 블렌더

흔히 '도깨비 방망이'라고 불리는 것으로, 일반 블렌더처럼 재료를 갈 때 사용합니다. 적은 양의 재료를 갈 때는 핸드 블렌더를 사용하는 것이 좋아요.

냄비

이유식이 눌어붙지 않게 조리하는 것이 중요하므로 두께가 두꺼운 냄비를 사용하는 것이 좋아요. 일반 가정용 냄비를 사용해도 무방하지만 오래 사용해서 코팅이 벗겨진 냄비는 이유식을 만들 때 사용하지 않는 것이 좋겠죠?

찜기

재료를 완전히 익혀야 하는 이유식 조리에 많이 사용되는 도구입니다. 가스레인지 위에 올려 사용하는 찜기 외에 전기 찜기도 시중에 판매하고 있어요.

나무 숟가락

이유식을 만들 때는 냄비에 잘 눌어붙지 않게 나무 숟가락이나 주걱으로 계속 저어주는 것이 중요해요. 나무 숟가락은 세척 후 바짝 말려 보관하는 것을 잊지 마세요.

실리콘 주걱

나무 숟가락, 주걱과 마찬가지로 눌어붙지 않게 저을 때 사용하면 좋아요. 또한 완성된 이유식을 용기에 옮겨 담을 때 실리콘 주걱을 사용하면 더욱 편리하답니다.

필러

이유식 재료로 많이 사용되는 감자, 당근, 고구마 등의 껍질을 벗길 때 유용한 도구입니다. 칼로 재료 껍질을 깎는 것에 익숙하지 않은 초보 엄마, 아빠들이 사용하면 좋아요.

스퀴저

오렌지나 레몬 등의 과즙을 낼 때 사용하는 도구입니다. 스퀴저가 없을 때는 스퀴저 대신 포크를 사용해도 좋습니다.

체

초기 이유식은 입자가 없는 미음 위주로 만들기 때문에 고운 체에 미음을 거르는 과정이 필수적이에요. 위생상 스테인리스로 만든 제품을 사용하는 것이 좋습니다.

볼

모든 조리에 유용한 도구에요. 재료를 물에 담가두거나 재료를 모아 섞을 때 등 다양한 용도로 활용할 수 있습니다.

거품기

휘퍼라고도 부르는 도구입니다. 감자, 고구마와 같은 채소를 넣고 퓌레나 미음을 만들 때 재료가 덩어리지지 않게 저을 때 유용합니다.

부록 Ⅱ - 재료별 레시피 & 도구 사용법

도구 사용법

도마

1. 안전한 도마 사용법

젖은 행주를 깔고 그 위에 도마를 올려놓고 사용하세요.
도마가 쉽게 움직이지 않아 칼질할 때도 위험하지 않답니다.

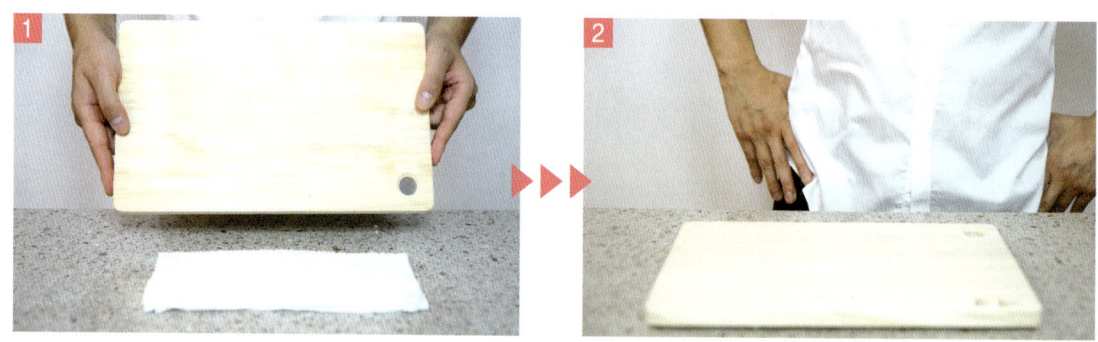

2. 도마 소독법

도마는 크린콜과 같은 살균 소독제로 수시로 소독을 해주는 것이 좋습니다.
소독제로 깨끗이 세척한 도마는 세워서 완전하게 건조시켜 사용하세요.

세제로 도마를 한 번 세척한 후, 살균 소독제를 키친타올에 묻혀 도마 전면을 닦아주세요.

세척액으로 소독한 후에는 따로 물에 헹구지 않아도 됩니다. 소독제로 깨끗이 세척한 도마는 세워서 완전하게 건조시켜 사용하세요.

칼

요리에 익숙지 않은 초보 엄마, 아빠들을 위해
가장 기본적인 조리 도구인 칼 사용 방법을 준비했습니다.
칼을 올바르게 쥐는 법부터 재료를 써는 방법, 칼 가는 방법까지.
한 번 알아두면 요리할 때 큰 도움이 되는 정보니 잘 숙지해두세요.

1. 칼 쥐는 법

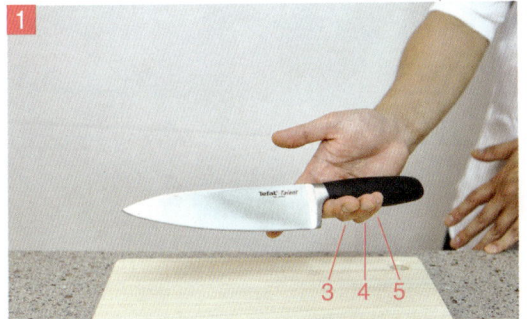

3,4,5번째 손가락으로 칼자루를 움켜쥐세요.

엄지와 검지 손가락으로 칼날의 윗부분을 잡으세요.

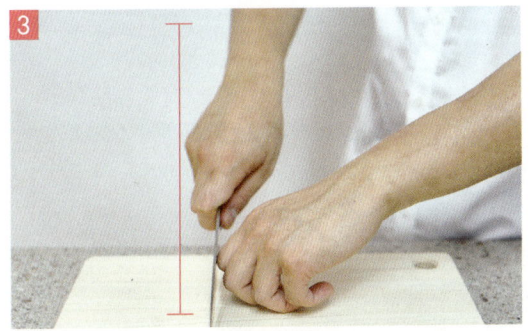

칼과 칼을 쥔 팔이 일직선이 되게끔 하세요.

칼을 잡지 않은 다른 손으로 재료를 잡은 후 사진과 같이 손가락을 구부리세요. 손가락 마디와 칼 사이의 각도를 45°로 유지해야 안전하게 재료를 손질할 수 있답니다.

칼로 재료를 써는 방법에는 크게 밀어 썰기와 당겨 썰기가 있어요.
딱히 정해진 것은 아니므로 자신에게 편한 방법으로 재료를 손질해주세요.

2. 밀어 썰기

3. 당겨 썰기

4. **일도법**

채소를 가늘게 썰 때는 날카로운 칼날의 끝을 이용해 재료를 손질하면 한결 수월하답니다.
무른 재료는 칼의 앞쪽 부분을, 단단한 재료는 칼의 뒤쪽 부분을 이용해 손질해주세요.

5. **칼 부위별 사용법**

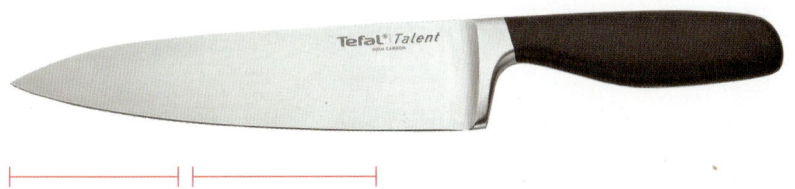

무른 재료를 썰 때   단단한 재료를 썰 때

칼 가는 방법

1. 숫돌 사용

숫돌로 칼을 갈면 칼의 날선 정도가 오래 지속되며 칼의 수명도 길어집니다.
대신 숫돌로 칼을 가는 방법에는 일정한 기술이 필요하므로 정확한 방법을 숙지하는 것이 좋아요.
먼저 칼 갈기 전, 숫돌을 찬물에 2~30분 정도 담가 수분을 충분히 머금게 하세요.
칼을 가는 도중 숫돌의 물기가 마르면 중간 중간에 물을 뿌려 수분을 항상 유지해주세요.

칼날이 자신의 몸을 향하게 한 후 오른손으로 칼 자루를, 왼손으로 칼 몸을 잡아주세요.

칼과 숫돌 사이의 각도는 15° 정도로 유지해주세요.

사선 방향으로 칼날을 움직여 칼날의 전면이 숫돌에 닿아 고루 갈릴 수 있도록 하세요.

칼 반대 날을 갈 때는 위의 과정을 반대로 한다고 생각하면 쉬워요. 칼날을 자신의 몸이 아닌 바깥을 향하게 하고 사선 방향으로 아래에서 위 방향으로 칼날을 갈면 됩니다.

2. 칼갈이 봉(샤프너)사용

일정 기술이 필요한 숫돌과 달리 칼갈이 봉은 비교적 쉽게 칼을 갈 수 있는 도구입니다.
하지만 칼날이 금방 무뎌지므로 요리하기 직전에 칼갈이 봉을 사용해 칼을 가는 것이 좋습니다.
칼갈이 봉은 숫돌과 달리 물에 닿으면 좋지 않기 때문에
칼을 간 후에 칼갈이 봉에 묻은 쇳가루는 키친타올로 깨끗이 닦아주세요.
칼에도 쇳가루가 많이 묻어있으니 주방세제로 깨끗하게 세척한 후 마른 수건으로 닦아 사용합니다.

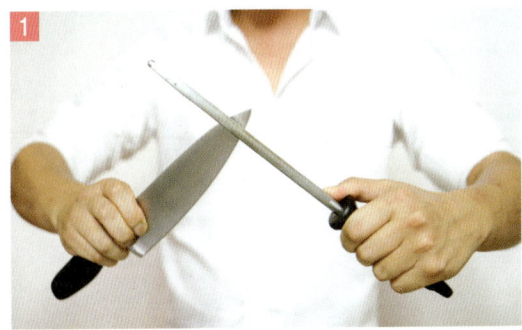

칼이 앞에, 칼갈이 봉이 뒤에 오게끔 칼갈이 봉과 칼을 X자 모양으로 교차시켜 잡아주세요.

칼날을 칼갈이 봉에 밀착시킨 후 칼을 위쪽으로 움직여 칼날을 갈아주세요.

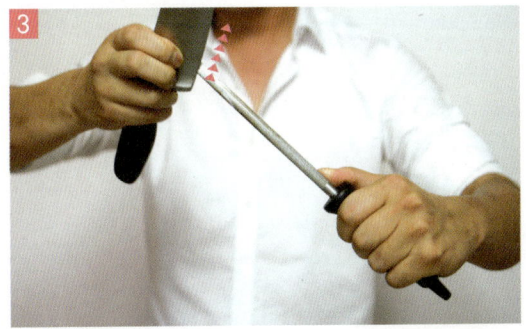

칼의 반대 날을 갈 때는 위의 과정을 반대로 한다고 생각하면 쉬워요. 이번에는 칼갈이 봉이 앞에, 칼이 뒤에 오게끔 X자 모양으로 교차시켜 잡은 후 칼을 아래쪽으로 움직여 칼날을 갈아주세요.

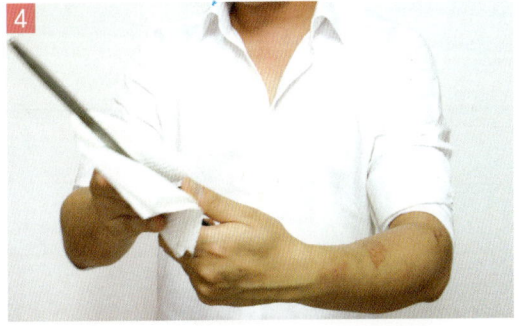

칼갈이 봉으로 칼을 간 후에는 칼과 봉에 쇳가루가 묻어 있을 수 있으니 키친타올로 깨끗이 닦아주세요.

오렌지즙 짜는 법

오렌지즙을 짤 때는 스퀴저를 이용하면 수월해요.
집에 스퀴저가 없을 때는 스퀴저 대신 포크로 오렌지 속을 눌러주면 쉽게 오렌지즙을 짤 수 있습니다.

1. 스퀴저 사용법

오렌지를 반으로 자르세요.

즙을 짜기 쉽도록 오렌지에 칼집을 여러 번 내주세요.

스퀴저에 오렌지를 꽂고 힘 있게 돌리며 오렌지즙을 짜면 됩니다.

2. 포크 사용법

오렌지를 반으로 자르세요.

즙을 짜기 쉽도록 오렌지에 칼집을 내고 가장자리를 칼로 돌려주세요.

포크를 오렌지 가운데에 꽂고 누르듯이 오렌지즙을 짜면 됩니다.

남은 재료와 완성된 이유식 보관 방법

1. 재료 보관 방법

이유식은 한 번 만들 때 소량만 만들기 때문에 남은 재료가 생기기 마련이에요.
이럴 때는 자주 사용하는 채소는 적당한 크기로 손질해 아이스 큐브나 지퍼백에 담아 보관하세요.
쌀미음은 아이스 큐브에 담아 냉동 보관해두었다가 이유식을 만들 때 조금씩 넣으면 간편하답니다.

2. 이유식 보관 방법

한꺼번에 만든 이유식은 1회 분량씩 용기에 담아 냉장 또는 냉동 보관 하세요.
냉동과 중탕할 때 무리 없이 사용할 수 있는 내열 유리 용기에 보관하는 것이 좋으며
내용물이 훤히 보이는 투명한 용기를 선택하는 것이 편합니다.
2~3일 이내에 먹일 이유식은 냉장 보관을, 4일 이상 보관할 때는 안전하게 냉동 보관하세요.
재료명과 만든 날짜를 용기 겉면에 적어두는 것도 잊지 마세요!

재료 해동과 이유식 중탕 방법

재료와 이유식을 안전하게 보관했다면 이제는 안전하게 해동, 중탕할 차례입니다.
냉동 보관했던 재료는 재냉동하지 않기, 따뜻한 온도로 중탕하기 잊지 마세요!

1. 냉동 보관 재료 해동하기

해동했던 재료를 다시 냉동 보관하면 미생물 감염 위험이 크기 때문에
냉동 보관했던 재료와 이유식은 해동 즉시 조리하는 것이 좋아요.
얼린 육류나 생선은 실온에 해동하면 세균 번식 위험이 높으니
흐르는 물에 해동하거나 냉장실로 옮겨 해동하세요.

냉동 보관한 채소는 용기나 비닐에 담은 채로 흐르는 물에 서서히 해동하거나 간편하게 전자레인지의 해동 기능을 이용해 해동해주세요.

냉동 보관한 육류나 생선은 조리하기 3~4시간 전 냉장실로 옮겨 해동해두거나 흐르는 물에 해동해주세요.

2. 완성된 이유식 중탕하기

냉장, 냉동 보관한 이유식을 아기에게 먹일 때는 따뜻한 온도에 맞춰 먹여야 합니다.
내열 유리 용기에 담아 끓는 물에 중탕하거나 전자레인지에 살짝 돌려 아기에게 주는 것이 좋아요.

내열 유리 용기에 이유식을 담아 끓는 물에 중탕해주세요.

숟가락으로 이유식을 저어 속까지 골고루 따뜻하게 데워주세요.

도움이 되는 이유식 Q&A

맞는지 틀린지 알쏭달쏭했던 이유식 정보!
초보 엄마, 아빠들이 많이 궁금해하는 질문들만 모아봤습니다.

Q. 가슴 떨리는 우리 아기 첫 이유식, 아기가 보내는 신호가 있나요?

A. 일반적으로 생후 4~6개월 사이에 이유식을 시작하지만 어디까지나 평균일 뿐이에요.
우리 아기가 신호를 보낼 때 이유식을 시작하는 것이 가장 좋죠.
어른들이 밥 먹는 모습을 빤히 쳐다본다거나 입맛을 다시고 침을 흘린다면
첫 이유식을 시작해도 좋은 시기라 할 수 있어요.
아기가 보내는 신호를 받았다면 준비해야 할 일이 있습니다.
아기가 숟가락에 친숙해질 수 있도록 연습하는 것!
본격적으로 이유식을 시작하기 전에 모유나 분유를 숟가락으로 먹이는 연습을 한 뒤
숟가락을 밀어내는 반응이 사라지면 쌀미음으로 첫 이유식을 시작해보세요.

Q. 이유식을 시작한 후에 아기의 변이 평소와는 달라서 걱정이에요

A. 아기가 그동안 먹어왔던 모유, 분유가 아닌 처음 맛보는 음식이기 때문에
변을 보는 횟수나 묽기, 색깔 등이 이전과 차이가 날 수 있어요.
구토, 설사 등의 반응을 보이지 않는다면 크게 걱정할 필요는 없답니다.

Q. 이유식을 삼키지 않고 입에만 물고 있어요

A. 정성스레 만든 이유식을 아기가 잘 먹지 못하는 모습을 보면 안타깝죠.
이유식을 삼키지 않고 입에 머금고 있거나 흘린다면 다음 사항을 체크해보세요.

- 아기가 아픈 곳이 없는지
- 배고픈지 않은데 억지로 먹이지는 않았는지
- 소화하지 못하는 질긴 고기나 재료들로 만들지는 않았는지
- 아기가 삼키기에 입자가 너무 크지는 않았는지
- 새롭게 첨가한 식재료를 낯설어하는 경우

Q. **몸에 좋은 과일 주스, 아기에게 먹여도 괜찮을까요?**

A. 주스는 초기 이유식으로 적합하다고 생각하기 쉽지만, 초기에는 피하는 것이 좋아요.
과일에서 나오는 단맛에 일찌감치 길들 수 있기 때문이죠.
초기에는 쌀미음으로 시작하고 채소를 추가한 이유식을 맛보게 한 뒤
사과, 배, 바나나와 같은 과일을 이용한 퓌레를 만들어 주세요.
중기 이후에는 과일을 직접 갈아 주스로 만들어 주면 좋습니다.

Q. **아기에게 먹이는 이유식, 얼마나 따뜻하게 줘야 되는지 감이 안 잡혀요**

A. 이유식을 따뜻하게 줘야한다는 것은 알고 있지만 적정 온도를 가늠하기가 쉽지 않죠.
이유식은 아기나 엄마의 체온과 비슷한 36~38℃ 정도에 맞추는 것이 적당해요.
요즘은 적정 온도를 감지하는 센서가 부착된 이유식용 숟가락이 시중에 판매된다고 하니
일일이 온도를 재기 번거롭다면 그 제품을 이용해보는 것도 하나의 방법이에요.

Q. **아기가 먹다 남긴 이유식, 다음에 또 먹여도 괜찮을까요?**

A. 아깝긴 하지만 한번 남긴 이유식은 아기에게 다시 먹여서는 안 돼요.
침이 닿아 세균이 번식하기도 쉽고 부패하기도 쉽기 때문이죠.
이유식을 많이 먹지 못한다면 애초에 소량만 그릇에 담아 아기에게 먹이는 것이 좋습니다.

저자 소개

이 유 석

프렌치 가스트로 펍 〈루이쌍끄〉의 오너 셰프.

2010년 오픈한 〈루이쌍끄〉는 영국 로이터 통신, 미국 AP 통신에 소개되었으며
이유석 셰프는 경제지 〈포브스아시아〉에 '2014년 한국의 2030 파워 리더',
〈포브스코리아〉 2년 연속 '외식 분야 파워 리더'로 선정된 바 있다.

요리로 사람들에게 따뜻함을 전했던 이유석 셰프는
조선일보 '이유석의 음식공감' 칼럼과 2012년 출간된 음식 에세이 〈맛있는 위로〉 외에도
다수의 강연을 통해 작가, 강연자로도 활발한 활동을 이어오고 있다.

2014년 태어난 다복이의 아빠로서
요즘은 다복이를 위한 맛있는 음식을 만드는 데 정성을 쏟고 있다.
〈이유석의 이유식〉 책을 통해 그동안의 내공을 담은
맛있는 이유식 레시피를 초보 엄마, 아빠에게 전하고자 한다.

수란과 떠먹는 치즈 특허 보유

게스트 셰프 소개

아기에게 먹인다는 생각으로 정성 들여 이유식 레시피를 만들어주신
네 분의 게스트 셰프님께 다시 한 번 감사드립니다.

강민구 셰프
밍글스 | 서울 강남구 청담동 | 뉴코리안

노부(NOBU) 바하마 지점 최연소 총괄 셰프를 역임했으며
현재 뉴코리안 레스토랑 〈밍글스〉에서 철학이 담긴 창작 요리를 선보이고 있다.
제1회 〈블루리본어워드 2015〉에서 '올해의 영셰프' 상을 수상했다.

임기학 셰프
레스쁘아뒤이부 | 서울 강남구 청담동 | 프랑스식

정통 프렌치 비스트로 〈레스쁘아뒤이부〉와 샤퀴테리를 전문으로 하는
〈까브뒤꼬숑〉을 통해 프랑스 정통의 맛을 널리 알리고 있다.
제1회 〈블루리본어워드 2015〉에서 '올해의 셰프(외국음식 부문)' 상을 수상했다.

임정식 셰프
정식당 | 서울 강남구 청담동 | 뉴코리안

뉴코리안 퀴진의 선두주자로, 서울의 〈정식당〉과 미국 뉴욕의
미슐랭 레스토랑 〈정식〉을 통해 국내뿐만 아니라 전 세계의 맛을 사로잡고 있다.
제1회 〈블루리본어워드 2015〉에서 '올해의 셰프(한식 부문)' 상을 수상했다.

임형택 셰프
서울신라호텔 라연 | 서울 중구 장충동 | 한정식

프렌치를 전공한 임형택 셰프는 현재 서울신라호텔 한식당 라연에서 근무하고 있으며
정통 한식 요리를 모던하게 해석한 새로운 차원의 요리로 사랑받고 있다.

주방 도구 협찬: 테팔 Tefal
홈페이지 www.tefal.co.kr | 문의 전화 080-733-7878

이유석의 이유식

2016년 2월 23일 초판 1쇄 인쇄
2016년 2월 29일 초판 1쇄 발행

지은이 : 이유석 | 표지디자인 : 203 X Design Studio
표지 및 본문 일러스트 : 허경미 | 감수 : 신원선(한양대학교 식품영양학과)

발행처 : BR미디어 주식회사

등록번호	제16-3717호
등록일	2005년 9월 16일

주소	137-902 서울 서초구 잠원동 12-5 우일빌딩 9층
문의 전화	02 512 2146
팩스	02 565 9652
e-mail	webmaster@blueR.co.kr
website	http://www.blueR.co.kr

정가   18,500원

ISBN 978-89-93508-32-1 14590
      978-89-93508-31-4 (세트)

ⓒ 이유석 2016

* 이 책 저작권자의 서면 동의 없이는 이 책의 내용을 전체적으로나 부분적으로나 또한 어떤 수단·
  방법으로나 아무도 복제·전재하거나 전자 장치에 저장할 수 없습니다.
* 잘못된 책은 바꾸어 드립니다.